Walter Dietrich

Die Samuelbücher heute lesen

T0161664

T V Z

bibel **heute lesen**

Walter Dietrich

Die Samuelbücher heute lesen

T V Z
Theologischer Verlag Zürich

Der Theologische Verlag Zürich wird vom Bundesamt für Kultur für die Jahre 2021–2024 unterstützt.

Bibliografische Information der Deutschen Nationalbibliothek
Die Deutsche Nationalbibliothek verzeichnet diese Publikation in der Deutschen Nationalbibliografie; detaillierte bibliografische Daten sind im Internet über http://dnb.dnb.de abrufbar.

Wo nicht anders nachgewiesen, werden Bibelstellen nach der Zürcher Bibel (2007) zitiert © Verlag der Zürcher Bibel beim Theologischen Verlag Zürich.

Umschlaggestaltung
Simone Ackermann, Zürich
Abbildung: «Absaloms Tod», Fussbodenmosaik von Pietro del Minella im Dom von Siena

Druck
CPI books GmbH, Leck

ISBN 978-3-290-18455-1 (Print)
ISBN 978-3-290-18456-8 (E-Book)

© 2022 Theologischer Verlag Zürich
www.tvz-verlag.ch

Inhalt

ABSALON·VIDI·PENDER·PECHAPELLI·POI·CHE·FEDO·LACHAMERA·PATERNA·E

Vorwort

Dieses Buch bildet den vorläufigen Abschluss einer jahrzehnte-
langen Beschäftigung mit den Samuelbüchern. In zahlreichen
Vorlesungen, Seminaren und kleineren Publikationen hatte ich
den Stoff durchforstet, ehe im Jahr 2011 der erste Teilband meiner Auslegung in der Reihe «Biblischer Kommentar Altes Testament» erschien. Inzwischen sind es vier Bände, der fünfte ist für
nächstes Jahr geplant.

Ich frage mich manchmal selbst, warum ich an dieser Aufgabe
nicht verzweifelt und ihrer nie überdrüssig geworden bin. In erster Linie liegt das am Stoff: Die Samuelbücher sind ein grossarti-
ges Stück Literatur. Sie sind auch eine bedeutsame Geschichtsquelle für eine überaus interessante Epoche der Geschichte
Israels. Und sie haben schliesslich eine immense Wirkungsgeschichte aus sich herausgesetzt – schon innerhalb der Bibel und
bis in unsere Zeit. Wer kennt nicht Geschichten von Samuel und
Saul, von David und Batseba und von Absalom? Motiven aus den
Samuelbüchern begegnet man auf Schritt und Tritt in der europäischen Kultur- und Kunstgeschichte. So möchte man gern über
die Quelle all dessen möglichst viel in Erfahrung bringen.

Glücklicherweise erhielt ich bei meiner Arbeit vielfältige
Unterstützung von aussen. Ein fünfzehnjähriges Forschungspro-
jekt des Schweizerischen Nationalfonds, wissenschaftliche Tagun-
gen, Vorträge, Predigten, Pfarrerweiterbildungen, Gemeinde-
seminare, Volkshochschul- und anderen Laienkurse boten mir

vielfältige Gelegenheiten, mich innerhalb und ausserhalb des akademischen Bereichs mit Texten und Themen der Samuelbücher zu befassen. Dieses Buch nun – gleichsam die Summe meiner Arbeit an den Samuelbüchern – soll allen Interessierten, unabhängig von der religiösen Einstellung und der theologischen Vorbildung, einen wissenschaftlich verantworteten und doch niederschwelligen Zugang zu diesen kostbaren Texten eröffnen. Ich hatte das Privileg, dass im Rahmen eines Kurses bei «Collegium 60 plus», einer Berner Seniorenvereinigung, eine Gruppe von Laien das Manuskript einer eingehenden Prüfung unterzog. Die Rückmeldungen meiner «Probeleserinnen» und «Probeleser» waren ungemein reichhaltig und hilfreich. Schreibfehler wurden entdeckt, aber auch Denkfehler, Längen, aber auch übergrosse Knappheit beanstandet, besonders gut Verständliches und Einleuchtendes gelobt, schwer Verständliches und seltsam Erscheinendes getadelt. So liegt hier das Werk eigentlich nicht eines Einzelnen vor, sondern das einer Gruppe. Gern nenne ich die Namen der Beteiligten: Hanna Bieri, Peter Clavadetscher, Marianne Gerber, Irmhild Kool, Ernst Kugler, Liselotte Lesniak-Hug, Therese Liechti, Anita Nellissen, Ruth Rohr, Kurt Walther und Heidi Willumat. Ausserdem lasen meine Frau Hannelore, ihres Zeichens Autorin belletristischer Literatur, meine studentische Mitarbeiterin Sophie Haug sowie Frau Lisa Briner vom Verlag den Text und gaben hilfreiche Anregungen. Wir alle zusammen hoffen, das Ergebnis unserer Bemühungen werde möglichst vielen eine Hilfe zur Annäherung an die Samuelbücher bieten.

Einige Einzelhinweise seien an dieser Stelle erlaubt: Bibelzitate entnehme ich in aller Regel der Zürcher Bibel; nur in einzelnen Fällen ziehe ich eine eigene Übersetzung vor, vermerke das dann aber auch. Mit Rücksicht auf nichtchristliche Leserinnen und

Leser wird in diesem Buch nicht die Abkürzung «v. Chr.» (vor Christus) verwendet, sondern «v. u. Z.» (vor unserer Zeitrechnung), und mit Blick speziell auf jüdische Lesende wird der hebräische Gottesname nicht vokalisiert geschrieben (als «Jahwe», wie in der wissenschaftlichen Exegese üblich), sondern nur mit seinen Konsonanten, als sogenanntes Tetragramm (Jhwh).

Im Übrigen kann man mit diesem Buch sehr verschieden umgehen. Man kann seine Kapitel im Zusammenhang lesen oder einzeln, man kann sie in der hier gebotenen Reihenfolge oder in einer anderen angehen, man kann die jeweils besprochenen oder angesprochenen Passagen der Samuelbücher in der Bibel nachlesen oder auch nicht, man kann versuchen, sich einen möglichst raschen Überblick zu verschaffen, oder sich intensiv auf Einzelheiten einlassen (und dazu womöglich noch diesen oder jenen Titel aus der abschliessend aufgeführten «Weiterführenden Literatur» beiziehen). Kurzum, jede Leserin und jeder Leser ist frei, die Lektüre nach dem eigenen Geschmack und zum grösstmöglichen eigenen Gewinn zu gestalten.

Zum Schluss sei eingeräumt: Die Bibel ist ein altes Buch. Zugleich sei behauptet: Sie veraltet nie. Und es sei versprochen: Innerhalb der Bibel sind die Samuelbücher ein besonders lesenswerter Abschnitt.

Bern, am Anfang des Jahrs 2022
Walter Dietrich

Kontext und Inhalt der Samuelbücher

Wer heute die Samuelbücher lesen will und über keine ausgepräg-
ten Vorkenntnisse verfügt, hat eine hoch spannende, aber nicht
immer ganz einfache Lektüre vor sich. Es handelt sich um einen
jahrtausendealten Text aus einer fremden Welt. Zwar ist er,
gemessen an manchen heutigen Buchpublikationen, im Umfang
überschaubar: in modernen Bibelübersetzungen etwa 100 Seiten
stark. Doch diese Seiten sind randvoll von Informationen und
Daten, von Namen und Ereignissen, die nicht allgemein geläufig,
nicht leicht zu ordnen und nicht immer leicht zu begreifen sind.
Das vorliegende Buch will als Lesehilfe dienen, vielleicht auch
Freude an der Lektüre der Samuelbücher wecken.

1.   Der biblische und geschichtliche Zusammenhang

Die Samuelbücher behandeln im Kern eine bestimmte Epoche
der Geschichte Israels: die Zeit der Staatsbildung. Das Volk Israel
war nicht immer als Staat organisiert, es lebte nicht immer und
vollständig im sogenannten «Heiligen Land» (d. h. in der südlichen Levante, zwischen dem Libanongebirge und der Sinaihalbinsel). Wann und wie es dorthin gelangte, ist nicht ganz sicher.
Die Bibel (in den Büchern Genesis bis Josua) stellt es so dar, dass
die Urahnen von Mesopotamien her dort einwanderten, dann
nach Ägypten auswanderten und von dort aus, inzwischen ein

ganzes Volk geworden, mit kriegerischer Gewalt erneut einwanderten. In der historischen Realität waren die Wanderungsbewegungen wohl vielfältiger und insgesamt friedlicher. Was aber feststeht: Gegen 1200 v. u. Z. liessen sich im levantinischen Bergland, östlich der Mittelmeerküste, Neusiedler nieder, die sich alsbald «Israel» nannten; das bezeugt eine ins Jahr 1208 v. u. Z. datierbare Stele des Pharaos Merenptah.

Das biblische Richterbuch (das in der Hebräischen Bibel den Samuelbüchern vorangeht) lässt einiges über das Leben dieses frühesten «Israel» erkennen. Die Menschen lebten als Berg- und Kleinbauern. Der tragende Verband war die Sippe, einige Sippen mochten sich als «Stamm» zusammengehörig fühlen. Jeder Stamm war autark, es gab keine Zentralmacht. Höchstens schlossen sich einmal ein paar Stämme zusammen, um sich eines äusseren Feindes zu erwehren (Richter 4–5). Wohl gab es einmal einen Anlauf zur Bildung eines stämmeübergreifenden Königtums, er scheiterte jedoch, namentlich an überzogener Gewalttätigkeit (Richter 9). Mehr und mehr machten den Israeliten die Philister zu schaffen, ein loser Verbund von Stadtstaaten an der Mittelmeerküste (Richter 13–16). Am Ende sollen die Stämme in Anarchie und Chaos versunken sein, sodass der Wunsch nach einer zentralen Ordnungsinstanz immer stärker wurde (Richter 17–21).

An diesem Punkt setzen die Samuelbücher ein. Ihr Anfang (1Sam 1–7) spielt noch in der vorköniglichen Zeit, doch danach (ab 1Sam 8) geht es um die Einführung und Etablierung des Königtums. Man erlebt die Inthronisierung und die Herrschaft des ersten Königs, Saul, mit, und sieht, wie neben ihm der zweite, David, aufsteigt und seinen Vorgänger ablöst und überflügelt. Auf der Zeitskala gelangt man damit an die Wende vom zweiten zum ersten Jahrtausend.

Die auf die Samuelbücher folgenden Königsbücher schildern dann die Jahrhunderte zwischen der Einführung und dem Ende des Königtums in Israel bzw. in Juda (vom späten 10. bis ins frühe 6. Jahrhundert). Danach bricht die fortlaufende biblische Geschichtsschreibung ab. Ab dann gibt es «Israel» nicht mehr nur in Palästina, sondern auch im Exil, in der Diaspora, und zwar in verschiedenen Ländern (vor allem im Zweistromland und am Nil). Man lebt unter wechselnden Fremdherrschaften: zunächst Babylons, dann Persiens, dann der griechischen Diadochen, dann der Römer, später noch anderer. Die jüdische Diaspora verbreitet sich über das ganze Römische Reich, schliesslich über die ganze Welt. Zentrum des Judentums bleibt aber immer das Heilige Land, insbesondere die heilige Stadt Jerusalem. Einen Staat Israel wird es erst wieder ab dem Jahr 1948 u. Z. geben.

So betrachtet, beschreiben die Samuelbücher einen relativ kurzen, sehr frühen Zeitabschnitt in der über Jahrtausende sich erstreckenden Geschichte Israels. Sie tun das in relativer Ausführlichkeit und Detailgenauigkeit, ausgesprochen farben- und aspektreich.

Ins Auge fällt eine grosse Vielfalt an Textsorten. Zwar überwiegt die Form der Erzählung, genauer: der Geschichtserzählung. Doch daneben gibt es Listen, Lieder, Gebete, Kurzberichte, Anekdoten u. a. m. Angesprochen werden sehr viele und sehr unterschiedliche Themen: angefangen bei den Taten einzelner Menschen und dem Innenleben einzelner Familien über das Ergehen kleinerer Gruppen und das Zusammentreten grosser Volksversammlungen bis hin zu internationalen Verwicklungen und Kriegen. In den Samuelbüchern mischen sich Individualgeschichten und Volksgeschichte. Eine Orientierungshilfe vermögen die handelnden Figuren zu geben.

2. Die Hauptfiguren

Samuel

Der Namensgeber der Samuelbücher tritt in 1Sam 1 auf (bzw. kommt zur Welt) und stirbt in 1Sam 25. Bis 1Sam 8 beherrscht er die Erzählbühne weitgehend allein. Doch schon in seiner Geburtsgeschichte (1Sam 1) ist der Name des ersten Königs, Saul, zu hören. Zunächst aber sieht man, wie Samuel heranreift (1Sam 2), zu Höherem berufen wird (1Sam 3), an die Spitze Israels gelangt (1Sam 7), dann bald mit dem Wunsch nach Einsetzung eines Königs konfrontiert wird (1Sam 8), diesem Wunsch nachkommt (1Sam 9–11) und sich danach aus der Öffentlichkeit zurückzieht (1Sam 12). Er hat sich noch eine Zeitlang mit Saul auseinanderzusetzen (1Sam 13–15), entdeckt angeblich auch schon dessen Nachfolger (1Sam 16), spielt im Übrigen aber keine öffentliche Rolle mehr. Doch Jahre nach seinem Tod wird er, völlig einzigartig im Alten Testament, noch einmal aus dem Totenreich heraufgerufen und steht König Saul Rede und Antwort (1Sam 28).

In den Kapiteln 1Sam 4–6 kommt Samuel überhaupt nicht vor, spielt die Hauptrolle vielmehr ein heiliger Gegenstand, die sogenannte «Lade», ein Kasten aus Holz, über dem man sich den Gott Israels anwesend dachte. Und die Kapitel 1Sam 16–25 gehören weniger Samuel als vielmehr Saul bzw. schon David.

Saul

Der erste König Israels wird von Samuel entdeckt und portiert. Dabei findet nicht nur dieser, sondern findet auch Gott das Königtum im Prinzip höchst bedenklich: Es birgt die Gefahr des

Machtmissbrauchs in sich (1Sam 8). Doch das Volk will partout einen König, und so findet Samuel mit Gottes Hilfe einen geeigneten Kandidaten: eben Saul. Gott, so wird erzählt, schickte Samuel diesen noblen und dabei bescheidenen jungen Mann aus dem Stamm Benjamin gleichsam über den Weg; der Gottesmann salbt ihn zuerst noch im Geheimen, lässt ihn später aber durch eine Volksversammlung (und durch das göttliche Los!) bestätigen (1Sam 9–10). Der frisch gekürte König stösst zunächst nicht überall auf Begeisterung. Er weiss sich aber durch einen grandiosen Sieg über einen äusseren Gegner, die aggressiven Ammoniter im Ostjordanland, Achtung zu verschaffen. Den Erfolg verdankt er weniger seinem militärischen Genie als dem «Gottesgeist», der ihn förmlich anspringt und in einen anderen Menschen verwandelt (1Sam 11). Bald wird Saul in Kriege mit einem noch gefährlicheren Gegner verwickelt: mit den Philistern, die Israel wirtschaftlich und militärisch überlegen sind. Saul indes kann ihnen, unterstützt von seinem tapferen Sohn Jonatan, Paroli bieten (1Sam 13–14). Er installiert in Israel ein regelrechtes Königshaus. Gleichwohl ist in ihm eher ein Kriegs- und Stammesführer zu sehen als der Regent eines Königreichs. Von einer nennenswerten Residenz und einer eigenen Verwaltung verlautet nichts. Immerhin verfügt er über ein kleines stehendes Heer und gewinnt Kriege gegen verschiedene Nachbarn (1Sam 14,47–52).

Sehr bald schon legt sich auf seine Herrschaft ein dreifacher Schatten: als erster derjenige Samuels, der argwöhnisch darauf achtet, dass aus Saul kein allzu selbstbestimmter, säkularer Herrscher wird. Bei zwei Gelegenheiten soll der Gottesmann den Staatsmann heftig attackiert und förmlich «verworfen» haben (1Sam 13,7–15; 15,1–35). Noch aus dem Totenreich heraus kündigt er Saul nichts als Scheitern an (1Sam 28). Der zweite Schatten fällt von David her auf Saul. Ihn hat Samuel heimlich zum Gegenkönig gesalbt. Er steigt zunächst in Sauls Armee auf, wird sogar dessen Schwiegersohn (1Sam 16–18). Doch bald schon wittert der König den Konkurrenten, vertreibt ihn vom Hof, verfolgt ihn immer heftiger, bekommt ihn aber nie zu fassen (1Sam 19–24; 26). Den dritten Schatten werfen die Philister auf Sauls Herrschaft. Sie wollen das Aufkommen eines starken israelitischen Staats verhindern und blasen schliesslich zum Endkampf, den sie grandios für sich entscheiden; Saul und fast alle seine Söhne fallen, zusammen mit ungezählten Israeliten, auf dem Schlachtfeld (1Sam 29; 31).

David

David steht, als Sauls Königtum untergeht, schon bereit, ihn zu beerben. Bereits früh befindet er sich auf der Erzählbühne. Er wird von Samuel gesalbt und dann als Musiktherapeut des schwermütig werdenden Saul angestellt (1Sam 16). Er besiegt den Philisterriesen Goliat (1Sam 17) und wird zur schärfsten Waffe Sauls im Kampf gegen die Philister (1Sam 18). Alsbald aber wird er vom König angefeindet, vertrieben, verfolgt (1Sam 19–23), während ihn die Prinzessin Michal und der Prinz Jonatan lieben und schützen (1Sam 19–20). Zweimal bekommt er den ihn jagenden Saul in die Hand, doch verhält er sich edelmütig (1Sam 24; 26). Er schlägt sich als lokaler Milizenführer (1Sam 22; 25) und dann als kleiner Stadtkönig im Dienst der Philister durch (1Sam 27; 30). Dort, in der Ferne, erreicht ihn die Nachricht vom Tod Sauls und Jonatans (2Sam 1), woraufhin er sich zurück in seine Heimat bewegt. Er hat sich noch kurz mit Sauls schwachem Nachfolger, Eschbaal, auseinanderzusetzen

(2Sam 2–4), wird schliesslich aber ins Königsamt gerufen: zuerst im judäischen Süden, seiner Heimat (2Sam 2), danach im israelitischen Norden, dem eigentlichen Herrschaftsbereich Sauls; als Doppelkönig gewinnt er noch den zwischen beiden Reichsteilen gelegenen Stadtstaat Jerusalem hinzu, den er zu seiner Residenz macht (2Sam 5).

So weit der Aufstieg Davids. Danach beginnt die Zeit seiner Königsherrschaft: Er macht Jerusalem zum religiösen Zentrum des Landes, indem er die heilige Lade dorthin holt (2Sam 6). Er erhält vom Propheten Natan die Verheissung einer «ewigen» Dynastie (2Sam 7). Er gewinnt allerlei Kriege gegen Nachbarstaaten (2Sam 8; 10). Er installiert eine bescheidene Zentralverwaltung (2Sam 8,16–18), nimmt sich zahlreiche Frauen und bekommt von ihnen viele Kinder (2Sam 3,2–5; 5,13–16). Das sieht aus wie eine makellose Erfolgsgeschichte.

Doch dann kommt der Absturz. David vergreift sich an der Frau eines im Feld stehenden Offiziers und räumt diesen aus dem Weg (2Sam 11), wird von Natan streng zur Rede gestellt und mit Unheil bedroht (2Sam 12), muss erleben, wie sein Erstgeborener, Amnon, eine seiner Töchter, Tamar, vergewaltigt und von deren Vollbruder, Absalom, ermordet wird (2Sam 13). Dieser Absalom zettelt später einen um ein Haar erfolgreichen Aufstand gegen ihn an (2Sam 14–18). Nur mit Mühe kann David sich an der Macht halten (2Sam 19), woraufhin im Norden eine starke Separationsbewegung aufkommt, die er entschlossen niederschlagen lässt (2Sam 20). Die letzten Bilder aus dem Leben Davids stehen am Anfang des ersten Königsbuchs: sein Alt- bzw. Senilwerden, der Kampf seiner beiden Söhne Adonija und Salomo um die Nachfolge, seine Parteinahme für den Letzteren, dessen Machtübernahme und schliesslich Davids Tod (1Kön 1–2).

Am Ende des Zweiten Buchs Samuel ist noch ein Anhang eingestellt (2Sam 21–24), der weitere Begebenheiten aus dem Leben Davids erzählt (für die in der Haupterzählung anscheinend kein Platz war) und ihn zwei Psalmlieder vortragen lässt: ein erster Vorgeschmack auf sein Nachleben als berühmtester Psalmsänger Israels.

Dies die Handlung der Samuelbücher im Groben. Es lohnt sich indes, nicht nur auf die Haupt-, sondern auch auf Nebenzüge, nicht nur auf die Haupt-, sondern auch auf Nebenfiguren zu achten. Den Verästelungen der Handlung und der Vielfalt der Personenporträts verdanken sich Anschaulichkeit und Lebendigkeit der Darstellung zu einem grossen Teil.

3. Nebenfiguren

Nebenfiguren um Samuel

Hier ist zuerst Samuels Mutter, *Hanna*, zu nennen, zentrale Gestalt im ersten Kapitel der Samuelbücher (1Sam 1). Sie ist eine der eindrücklichsten, stärksten Frauengestalten der Bibel. An sich in wohlsituierten Verhältnissen lebend, ist sie doch unglücklich, weil sie keine Kinder bekommt: damals für eine Frau ein besonders schweres Schicksal. Sie leidet umso mehr, als die Nebenfrau ihres Manns, ihre Rivalin, Kinder in Fülle hat und sie, die Hauptfrau, bespöttelt. Bei einem Jahresfest am Heiligtum von Schilo (in Mittelpalästina) vermag Hanna ihren Kummer nicht mehr für sich zu behalten, sondern bringt ihn vor Jhwh und versucht, diesen zu einem Tauschhandel zu bewegen: Er soll ihr zu einem

Sohn verhelfen, und sie will ihm diesen Sohn zum Dienst an seinem Heiligtum zurückgeben. Damit fällt sie völlig aus der damaligen Frauenrolle; entsprechend abschätzig wird sie vom diensttuenden Priester behandelt. Doch der Erfolg gibt ihr recht: Sie wird schwanger und gebiert einen Sohn (und nach ihm noch eine Reihe weiterer Kinder). Bei der Namengebung für Samuel sind deutliche Anklänge an den Namen dessen hörbar, den er später inthronisieren wird: Saul. Gleich nach seiner Entwöhnung wird Samuel tatsächlich in die Obhut Elis, des Priesters von Schilo, gegeben: der erste Schritt einer einzigartigen Karriere.

Eli ist an sich ein ehrenwerter Mann, jedoch nicht ohne Fehler. Nicht nur, dass er Hanna völlig verkennt; vor allem erweist er sich als schwach gegenüber seinen Söhnen. Sie sind ebenfalls Priester (das war ein Familienamt!), schlagen aber völlig über die Stränge. Schamlos bereichern sie sich an den Festpilgern und treiben überhaupt, was sie wollen. Des Vaters Ermahnungen schlagen sie in den Wind. Gott zieht sich von dieser Priesterfamilie zurück, «offenbart» sich nicht mehr, wie es heisst (1 Sam 2). Doch insgeheim hat Gott schon sein Auge auf den jungen Samuel geworfen. Ihm zeigt er sich in einer nächtlichen Offenbarung. Eli hat seinen Zögling noch im rechten Umgang mit derlei Erfahrungen unterwiesen, bekommt aber ein vernichtendes Urteil über seine Priesterdynastie und die Ansage ihres baldigen Endes zu hören. Seine Grösse zeigt er darin, dass er dieses Verdikt demütig hinnimmt und Samuel neidlos den Vortritt lässt (1 Sam 3). Tatsächlich kommen wenig später seine Söhne im Krieg mit den Philistern ums Leben, und die von ihnen betreute heilige Lade fällt in die Hände der Feinde. Eli stürzt, als er diese Nachricht erhält, zu Tod – ein «alter und schwerer Mann» (1 Sam 4,18). Er ist in gewisser Weise eine tragische Figur, man könnte auch sagen: eine Gestalt des Übergangs.

Hier ist als erster *Samuel* zu nennen, der Entdecker Sauls, sein
Mentor, am Ende sein Widersacher. Ausser ihm rückt die Bibel
vor allem Verwandte Sauls ins Rampenlicht. Das entspricht dem
geringen Ausgestaltungsgrad seines Königtums: Er kann sich auf
nicht viel mehr stützen als auf seine Familie, vielleicht noch seinen Stamm.

Sein Cousin *Abner*, Sohn seines Onkels Ner, hat die Position
des Heerführers inne, des ranghöchsten Militärs im jungen
Königreich. Obwohl die Samuelbücher stark (pro-)davidisch
geprägt sind, wahren sie Abner doch ein respektvolles Andenken.
Er organisiert auf Feldzügen den engsten militärischen Wall um
den König (1Sam 26), er ist nach der weitgehenden Auslöschung
des Königshauses der starke Mann im Land, schlägt sich als solcher achtbar, sogar ehrbar gegen die Truppen Davids (2Sam 2),
entschliesst sich dann zum Übertritt auf dessen Seite – und wird
ermordet: nicht etwa von den eigenen Leuten, sondern von
Davids oberstem Militär, Joab. David hält Klage um ihn als einen
wackeren Kämpfer (2Sam 3).

Der zweite Mann hinter Saul ist sein ältester Sohn und deshalb
Kronprinz: *Jonatan*. Er tut sich in einem Krieg gegen die Philister
als furchtloser und schlachtentscheidender Krieger hervor, übertritt dabei freilich ein väterliches Gebot, was ihn fast das Leben
kostet (1Sam 14). In der Folge ist es vor allem seine tiefe Zuneigung zu David, die in der Bibel hervorgehoben wird. Manche
meinen, er habe für den jungen Helden homoerotische Empfin-
dungen gehabt – was ihn aber nicht hindert, einen Sohn zu zeugen (2Sam 9). Jonatan soll seinen Freund David vor seinem Vater
in Schutz genommen (1Sam 19–20) und ihm als Vertriebenem

und Verfolgtem Mut zugesprochen, ja, ihm den eigenen Thronanspruch abgetreten haben (1 Sam 23,14–18). Am Ende steht er treulich an der Seite seines Vaters bei dessen letztem Gefecht gegen die Philister und fällt mit ihm (1 Sam 31). Es wird ein rühmendes und geradezu zärtliches Klagelied Davids auf den toten Freund überliefert (2 Sam 1,17–27).

Saul hat nebst einigen Söhnen auch zwei Töchter, die beide in der aufkeimenden Auseinandersetzung mit David eine Rolle spielen. Die Ältere, *Merab*, bietet Saul seinem jungen Gefolgsmann zur Ehe an, doch lehnt dieser ab, angeblich aus Bescheidenheit. Die Jüngere jedoch, *Michal*, «liebt David» – eine biblisch vollkommen ungewöhnliche Aussage – und bekommt ihn tatsächlich zum Mann, wofür dieser ein «Brautgeld» in Gestalt von 200 Philistervorhäuten «bezahlt» haben soll (1 Sam 18). Dann aber, als Saul David zum Feind wird und ihn zu töten sucht, entkommt er nur dank Michal den Häschern (1 Sam 19). Saul gibt die Tochter einem anderen Mann zur Frau (1 Sam 25,44), der sie offenbar aufrichtig liebt – was ihm aber nichts nützt, weil David, mittlerweile König geworden, seine frühere Frau zurückfordert (2 Sam 3,12–16). Michal indes erweist sich mehr als Sauls Tochter und stolze Israelitin denn als unterwürfiges Mitglied von Davids Harem: Anlässlich einer festlichen Prozession, bei der sich ihr königlicher Gatte ihrer Meinung nach allzu freizügig benommen hat, überwirft sie sich mit ihm und bekommt (zur Strafe? aus Trotz?) von ihm keine Kinder (2 Sam 6,16.20–23).

Zwei Figuren im Umfeld Sauls tauchen in einer Geschichte auf, die David auf der Flucht vor seinem einstigen Mentor und Schwiegervater zeigt. Gewitzt, wie er ist, versteht David es, in den Besitz von Proviant und Waffen zu gelangen, indem er den Oberpriester an einem Königsheiligtum, einen gewissen *Achimelech*, über die wahren Gründe seines Unterwegsseins täuscht. Was er aber nicht einberechnet hat, ist, dass ein ranghoher Bediensteter Sauls namens *Doëg* sich an eben diesem Ort aufhält und seinem Herrn alles meldet. Daraufhin findet ein blutiges Massaker an der Priestergilde statt. Im Grund hat David es verursacht, doch es fällt vor allem Saul zur Last (1Sam 21–22).

Als letzte Nebenfigur im Leben Sauls ist die *Frau von En-Dor* zu erwähnen. Sie versteht sich auf Totenbeschwörung, und Saul sucht kurz vor der Entscheidungsschlacht mit den Philistern über sie Kontakt mit dem toten Samuel. Tatsächlich gelingt es ihr, Samuel heraufzubeschwören, doch Saul erfährt nur, dass Israel unterliegen und dass er sterben wird. Er stürzt daraufhin entkräftet und entmutigt zu Boden. Da hilft ihm die Frau wieder auf, sorgt rührend und aufwändig für sein leibliches Wohl und bewirkt, dass der müde König aufrecht seinen letzten Weg antreten kann (1Sam 28).

Nebenfiguren um David

Die ersten Figuren, die David umgeben, haben wir bereits kennengelernt: Saul, Jonatan, Michal, Abner, auch Achimelech und Doëg. Doch kommen alsbald neue hinzu: als erster und sehr unerwartet der König der damals führenden Philisterstadt Gat, ein gewisser *Achisch*. David tritt, auf der Flucht vor Saul, in seinen Dienst. Ein erster Versuch endet freilich beinahe tragisch, weil die Gatiter in ihm den gefährlichsten Philisterfeind erkennen (1Sam 21,11–16). Später, nachdem David eine mehrhundertköpfige Miliz um sich versammelt hat, wird er von Achisch doch aufgenommen und erhält von ihm die kleine Stadt Ziklag, weit im Süden und nahe dem Negev, zum Lehen. Von dort aus treibt er, so wird erzählt, sein (Un-)Wesen: angeblich zum Vorteil seines philistäischen Lehnsherrn (und zum Schaden seines früheren Herrn Saul), in Wahrheit aber nur zu seinem eigenen Vorteil und ohne Israel zu schaden. Achisch muss er dazu arg hinters Licht führen. Er tut das auf Kosten vieler getöteter Zeugen, die seine List hätten ausplaudern können (1Sam 27). Achisch macht ihn, auf dem Weg zur Entscheidungsschlacht gegen Saul, sogar zum Chef seiner Leibgarde. David gerät in die Gefahr, an der Seite der Philister gegen Israel kämpfen zu müssen (was seinen Ruf nachhaltig ruiniert hätte), doch gerade rechtzeitig fassen die anderen Philisterfürsten Misstrauen gegen Davids hebräische Kämpfer und erzwingen seine Rückkehr nach Ziklag. David beschwert sich scheinheilig bei seinem Chef, warum er «nicht gegen die Feinde seines Herrn» kämpfen dürfe; Achisch bemerkt die Zweideutigkeit dieser Rede nicht und entschuldigt sich bei seinem vermeintlich besten Mann wortreich für das kränkende Misstrauen (1Sam 29). So führt der schlaue David seinen etwas einfältigen Herrn an der Nase herum.

Neben der schon erwähnten Saultochter Michal sind weitere Frauen Davids hervorzuheben. (Es ist auffällig, dass immer wieder Frauen Licht in die düsteren Episoden der Samuelbücher bringen!) Als Bandenführer erwirbt David den Lebensunterhalt für sich und seine Miliz offenbar durch mehr oder weniger unerbetene Schutzdienste für wohlhabende Viehzüchter, von denen er im Gegenzug Naturalabgaben einfordert. Als er bei einem von ihnen, einem gewissen Nabal, auf Granit beisst, rückt er zu einer Razzia gegen dessen Anwesen an – doch stellt sich ihm Nabals «schöne und kluge» Frau *Abigajil* in den Weg (ohne Wissen ihres Manns!). Durch reiche Gaben und vor allem ungemein geschickte Worte hält sie ihn von dem geplanten Blutbad ab. Nabal stirbt, möglicherweise an einem Hirnschlag, als er von dem Vorfall erfährt, Abigajil wird Davids (dritte) Gemahlin (1Sam 25).

Noch eine weitere Frau Davids war zunächst mit einem anderen Mann verheiratet: die «schöne» *Batseba*. David erspäht sie, die Frau eines Offiziers, vom Dach seines Jerusalemer Palasts aus beim Waschen, begehrt sie, bestellt sie und hat Sex mit ihr. Als sie daraufhin schwanger wird, beordert er ihren kriegsabwesenden Ehemann von der Front zurück und versucht, ihn zu ihr zu bugsieren (um ihm die Vaterschaft unterzuschieben). Doch dieser weigert sich, woraufhin David ihn vor den Mauern der belagerten Ammoniterstadt Rabba zu Tod kommen lässt: Ehebruch und Mord also in einem, begangen von dem berühmtesten und höchstverehrten König Israels! Immerhin heiratet dieser die «arme» Kriegerwitwe. Das im Ehebruch gezeugte Kind stirbt, was die Bibel als göttliche Vergeltung darstellt. Der zweite Sohn Batsebas und Davids heisst dann Salomo – der spätere Thronfolger (2Sam 11–12).

Genannt seien schliesslich noch namenlose *zehn Konkubinen*, die David dem gegen ihn putschenden Sohn Absalom überlässt, der prompt «zu ihnen eingeht»; nach seinem kläglichen Tod fallen sie wieder an David zurück, der aber fortan keine Notiz mehr von ihnen nimmt (2Sam 15,16; 16,20–23; 20,3) – bedauernswerte Witwen zu Lebzeiten ihres Manns!

Nicht nur Frauen, noch viel mehr Männer umgeben David. Vier von ihnen könnte man als «geistliche Herren» bezeichnen: zwei Propheten und zwei Priester. Schon in seiner Zeit als Milizenführer und Freibeuter berät ihn der Prophet *Gad* (1Sam 22,5; er taucht noch einmal auf im Anhang, 2Sam 24,11–14). Eine grössere Rolle spielt der Prophet *Natan*: zuerst, indem er ihm die Verheissung einer «ewigen» Dynastie übermittelt (2Sam 7,1–17), dann, als er ihn wegen des Batseba-Skandals massregelt (2Sam 12,1–15), schliesslich, indem er vom kleinen Salomo eingenommen ist (2Sam 12,25) und diesen später im Thronfolgestreit kräftig unterstützt (1Kön 1,10–27.34.44f). Ein Priester mit Namen *Ebjatar* begleitet David seit seinen jungen Jahren. Er ist ein Überlebender des Massakers, das Saul an der Priesterfamilie Achimelechs angerichtet hat (1Sam 22,20–23), und dient David in seiner Zeit als vagabundierender Abenteurer (1Sam 23,9), aber auch noch nach seinem Aufstieg zum Königtum (2Sam 15,24–29.35). Am Ende fällt er bei Salomo in Ungnade und wird seines Amts enthoben (1Kön 2,26f). Sein Kompagnon (oder Konkurrent?) ist der Priester *Zadok*, mit Ebjatar zusammen treuer Diener Davids (15,24–29.35). Er bleibt bei Salomo in Gnaden (1Kön 1,34.44f).

Zwei weltliche Berater Davids sind hervorzuheben: *Achitofel*, dessen «Rat so viel galt wie das Wort Gottes» (2Sam 16,23). Er läuft – vermutlich weil er Batsebas Grossvater ist und David seinen Fehltritt mit ihr verübelt – zum aufständischen Davidsohn Absalom über. David vermag ihn dadurch zu neutralisieren, dass er dort einen ebenso schlauen Gegenspieler einschleust: *Chuschai*. Die beiden liefern sich vor Absalom ein regelrechtes Beraterduell, das Chuschai gewinnt; Achitofel nimmt sich daraufhin das Leben (2Sam 15,30–37; 16,15–23; 17,1–23).

Von grosser Bedeutung beim Aufstieg und dann auch im Staat Davids ist das Militär. Davids Heerführer ist *Joab*, Sohn seiner Schwester Zeruja, also ein Neffe: nicht untypisch für autokratische Herrscher, die sensible Posten gern mit Familiengliedern besetzen. Joab geht für David durch dick und dünn (2Sam 2; 11,14–21; 12,26–28) und schlägt zuweilen auch dann zu, wenn sein Herr es (angeblich) nicht will, er es aber für tunlich hält

(2Sam 3; 18; 20). Mitunter versteht er es, den König geschickt zu manipulieren (2Sam 14; 19). Im Kampf um die Thronfolge stellt er sich auf die falsche Seite, worauf Salomo ihn liquidieren lässt (1Kön 1,7; 2,5f.28–34). Von noch brutalerer Machart als Joab scheint sein Bruder *Abischai* gewesen zu sein. Er wird gerühmt als besonders tapferer Krieger (2Sam 23,18), doch sitzt sein Schwert nach Ansicht Davids allzu locker (1Sam 26,8f; 2Sam 16,9f; 19,22f). Weitere hohe Offiziere sind *Benaja*, Chef der Söldnertruppen (2Sam 8,18) und Mörder Joabs (1Kön 2,34), sowie *Ittai*, Führer einer 600-köpfigen Söldnertruppe aus Gat, ein Philister also, der David in der Stunde höchster Gefahr die Treue hält (2Sam 15,19–22; 18,2).

Eine weitere Gruppe wichtiger Nebenfiguren hat mit dem früheren König Saul zu tun. Von dessen Sohn *Jonatan* war schon die Rede. Sein jüngerer Bruder *Eschbaal* überlebt die schwere Niederlage gegen die Philister und wird von Abner auf den Thron gehoben, ehe er von zwei meuternden Offizieren ermordet wird (die verdächtigerweise von David Lohn für ihre Tat erwarten: 2Sam 4). Ein Saulnachkomme namens *Meribaal*, ein Körperbehinderter, den David in Schutz (oder in Hausarrest?) nimmt, macht sich während des Absalom-Aufstandes (angeblich) Hoffnungen auf die Wiedergewinnung der Herrschaft, ergibt sich dann aber dem siegreichen David (2Sam 9; 16,1–4; 19,25–31; der Name des Manns ist im hebräischen Text und in vielen Übersetzungen verballhornt zu «Mefiboschet»). Ein eher entfernterer Verwandter Sauls, *Schimi ben Gera*, beschimpft David ebenfalls zu Beginn des Absalom-Aufstandes, um sich ihm hernach aber kleinlaut anzudienen (2Sam 16,5–8; 19,17–24). Nicht sicher ein Verwandter Sauls, aber jedenfalls ein Benjaminit ist ein gewisser *Scheba ben Bichri*, der nach dem von David mit Müh und Not niedergeschlagenen Absalom-Aufstand die Nordstämme – Sauls Hausmacht – zur Trennung von Davids Reich aufruft; Joab macht diesem Aufruhr rasch und entschlossen ein Ende (2Sam 20,1–22).

Eine letzte hier noch zu nennende Gruppe sind die Kinder Davids. Er hatte (mindestens) siebzehn Söhne und eine unbekannte Zahl von Töchtern (2Sam 3,2–5; 5,13–16). Vier Söhne und eine Tochter treten namentlich hervor: zunächst der schon mehrfach genannte *Absalom*, der Zweitgeborene, ein als ungemein schön beschriebener, vor allem aber enorm zielstrebiger und tatkräftiger Mann, der seinen Vater in die wohl schwerste Krise seines Lebens stürzt: Er zettelt einen Aufstand an, der einem Flächenbrand gleicht; nur noch das stehende Heer, grossenteils bestehend aus ausländischen Söldnern, hält zu David, und dieser besiegt gleichsam das eigene Volk (2Sam 15–18). Ihren Anfang nehmen diese Ereignisse in einer sehr privaten Affäre: Davids Erstgeborener, *Amnon*, vergewaltigt seine Halbschwester *Tamar*, deren Vollbruder eben Absalom ist. Dieser rächt die Schandtat blutig – und beseitigt dabei zugleich auch den Kronprinzen (2Sam 13). Am Ende setzt sich *Salomo*, der Zehnte in der Reihe der Söhne, gegen den Vierten, *Adonija*, als Davids Nachfolger durch (1Kön 1–2). Es ist keine herzerwärmende Nachkommenschaft, die David hervorgebracht hat!

In den Geschicken der Haupt- und Nebenfiguren spiegelt sich nicht nur die Handlung der Samuelbücher, sondern weitgehend ihre Thematik. Sie soll jetzt in den Blick kommen.

ABSALON·VIDI·PENDER·PECHAPELLI·POI·

Wichtige Themen der Samuelbücher

Im vorangehenden Kapitel wurden die Haupt- und Nebenfiguren der Samuelbücher vorgestellt. Das könnte den Eindruck erwecken, als schilderten sie die private Geschichte von Personen oder Familien. Nein, in den Samuelbüchern geht es um ein Stück Volks- und Staatsgeschichte Israels. Das zeigt sich an den Themen, die sich von Anfang bis Ende durchziehen.

1. Staat und Königtum

Dezentrale versus zentrale Organisation der Gesellschaft

Die Samuelbücher schildern, wie sich in Israel das Königtum etabliert, wie sich ein Staat gebildet hat. Das ist ein eminent politisches Thema. Wie soll eine Gesellschaft sich organisieren: dezentral und tribal, d. h. basierend auf Verwandtschaftsstrukturen (Familie, Sippe, Stamm) – oder um ein Machtzentrum herum, das ausserhalb von bzw. über den Verwandtschaftsgruppen steht? Es gab damals, im ausgehenden 2. Jahrtausend v. u. Z., Gesellschaften mit und ohne staatliche Ordnung. Insbesondere nomadische und halbnomadische Verbände mit ihrer nichtsesshaften Lebensweise unterstellten sich nicht gern staatlichen Regeln und staatlichen Kontrollen. Noch mitten im 1. Jahrtausend hatten die mächtigsten Herrscher jener Zeit, die Könige von

Assyrien, zu kämpfen mit nomadischen Gruppen, die sich in den Sumpfgebieten des Zweistromlands ihrem Zugriff entzogen. Und noch viel später diffamierte das Römische Reich Bevölkerungsgruppen, die, oft in abgelegenen Gegenden lebend, sich seiner Ordnung nicht fügen wollten, gern als «Banditen»; mit den Germanen im Norden des Reichs und den Parthern im Osten, beide dezentral organisiert, wurden die Römer nie recht fertig.

Die Vorteile eines Zentralstaats lagen vor allem auf ökonomischem und militärischem Gebiet. Eine Zentralmacht vermochte die Kräfte zu bündeln: Es gab *eine* Verwaltung, geregelte Kommunikationswege, eine Verwaltungssprache, wirtschaftliche Arbeitsteilung, Warenaustausch, ein geplantes Wege- und Strassennetz, Märkte, einheitliche Masse und Gewichte, Regeln und Gesetze, ein Justizwesen, zentral gelenkte Ordnungskräfte, ein mehr oder weniger grosses Heer, oft in einer Mischung aus Berufskriegern und einer nur fallweise einzuberufenden Milizarmee. All dies verminderte Reibungsverluste und Rivalitäten, verhinderte das Überhandnehmen von Fliehkräften und Konflikten. Grosse antike Reiche – von den Assyrern über die Perser und Griechen bis zu den Römern – bewirkten in ihrem Einflussbereich immer ein gewisses Mass an Stabilität und Wohlstand. (Das ist heute nicht anders, denkt man an Schlagworte wie «Pax Americana» oder «Seidenstrasse».)

Aber auch im kleineren Massstab hatten zentral gelenkte Systeme erhebliche Vorzüge. Es gab seinerzeit Stadt- und Territorialstaaten, regiert meist von Königen, zuweilen von mehrköpfigen Adelsgremien.

– *Stadtstaaten* verfügten über ein urbanes Zentrum mit einer Residenz, Beamten, hohen Militärs, Händlern und Handwerkern sowie einer Schicht von Unselbstständigen, Bediensteten und Sklaven. Um die Stadt lag ein Gürtel landwirtschaftlich genutzten Lands mit Dörfern und Weilern, bewohnt von Bauernfamilien mit kleineren oder grösseren Betrieben, oft übergehend in trockenere Zonen mit weniger sesshaften Bevölkerungsgruppen, deren Lebensgrundlage die Kleinviehzucht war.

– *Territorialstaaten* bestimmten sich hingegen über ein mehr oder weniger genau begrenztes Territorium, dessen Einwohnerschaft in Dörfern oder Städten lebte und eine Mischwirtschaft betrieb, ähnlich den Stadtstaaten, nur auf einer grösseren Fläche und mit einer grösseren Zahl von Menschen.

Staaten konnten sich untereinander verbünden, aber auch befehden, konnten die Schlagkraft der jeweiligen Armeen zusammenführen oder auch zu zerstören suchen. Die Soldaten hörten auf ein Kommando: das ihrer Offiziere, letztlich des Königs. Je nach dessen Geschick und Fortune konnten sie ein grosses Gebiet unter Kontrolle halten, weitere Gebiete unter Kontrolle bekommen, dort neue Reichtümer einsammeln und so den Wohlstand des eigenen Volks erhöhen.

Wenn die Vorzüge zentral gelenkter Staaten so gross waren – warum verzichteten vielerorts die Menschen dennoch darauf? Warum gab es in der südlichen Levante (in Israel wie bei seinen Nachbarvölkern) bis zum Ende des 2. Jahrtausends – und zum Teil noch darüber hinaus – keine nennenswerte Staatsbildung, keine zentral regierenden Könige? Nun, die Vorteile eines Staats gab es nicht kostenlos. Ein Sippenverband, eine Stämmegruppe überlegte es sich sehr genau, ob man Entscheidungsbefugnisse an eine Zentrale abtreten, ob man Steuern und Abgaben entrichten, ob man vom wirtschaftlichen Überschuss einen Königshof und staatliche Verwaltungs- und Ordnungskräfte finanzieren, ob man auf Befehl von oben in Kriege ziehen, ob man Freiheitsrechte verlieren und Gesetzen gehorchen wollte, die man nicht selbst gemacht hatte. Vor allem in abgeschiedenen Wohnlagen – in kleinen Tälern, in schwer zugänglichen Bergregionen, am Rand des Kulturlands – mochten es die Menschen schätzen, autark zu sein und sich nicht «von oben» etwas vorschreiben zu lassen. Dort prägten die Verwandtschaftsstrukturen (englisch: *kinship, clan*) das Zusammenleben besonders stark.

Die Grossfamilie, die Sippe, und die in ihr aufgehobenen Kleinfamilien (hebräisch: «Haus des Vaters») waren die natürliche Basis jeder individuellen Existenz. Was war ein König oder ein von ihm eingesetzter Festungskommandant oder Bezirksgouverneur gegen einen Bruder oder Onkel? Die jungen Leute heirateten allermeist «indogen», innerhalb der Sippe, jedenfalls des Stammes, kaum einmal mehr als fünf oder allenfalls zwanzig Kilometer weit weg. Der bebaubare Grund und Boden gehörte im Prinzip der Sippe. Den einzelnen Familien wurden Anteile davon überlassen, allerdings nur leihweise, sie durften sie nicht veräussern. Und wenn eine von ihnen ausstarb oder auswanderte, fiel ihr Land wieder an die Sippe. In Israel gab es Gesetze, nach denen Ackerland, das im Falle von Überschuldung fremde Gläubiger an sich gezogen hatten, von der Sippe wieder zurückgekauft werden konnte, womöglich gar nach einer bestimmten Zeit ihr von selbst wieder zufiel. Ein solches, verwandtschaftlich basiertes Gesellschaftssystem hat seine Vorzüge, und so war in Israel, wie auch anderswo, die Frage einer Staatsgründung alles andere als unumstritten.

Zwei Exempel mögen die Ambivalenz staatlicher Zentralstrukturen veranschaulichen. In Genesis 11,1–9 wird erzählt, die Ur-

Menschheit habe irgendwann den Plan gefasst, einen gewaltigen Turm zu errichten, dessen Spitze bis an den Himmel reiche. Ein solches Projekt kann nur eine zentral gelenkte Gesellschaft verwirklichen. Tatsächlich machte man beachtliche Fortschritte – doch dann zerstörte Gott das Werk: nicht durch Gewalteinwirkung, sondern dadurch, dass er die «Sprachen verwirrte». Also nicht mehr *eine* Amtssprache, nicht mehr: «Alles hört auf mein Kommando!», sondern jede Gruppe ihre eigene Sprache, die Sippen und Stämme alle für sich, «small is beautiful». Freilich, so baut man keinen Weltenturm, so schafft man kein Grossreich – doch vielen Menschen erschien die dezentrale Lebensform als die bessere. Als modernes Beispiel sei die schweizerische Eidgenossenschaft genannt. Nur mit grösster Mühe und unter starker Einwirkung von aussen schlossen sich die Eidgenossen zu einer Konföderation zusammen; doch bis heute kann man nur sehr begrenzt von einer Zentralmacht sprechen, liegt die politische Macht vielmehr zu grossen Teilen bei den Kantonen, in denen wiederum die einzelnen Gemeinden eine weitgehende Autonomie geniessen. Eine Monarchie ist in der Schweiz undenkbar; es gibt keinen Staatspräsidenten und keine Regierungschefin – die höchsten Ämter werden rotierend besetzt.

Das Königtum

Eine andere Staatsform als das Königtum konnte man sich damals kaum vorstellen. Seit jeher hatten die Ägypter ihre Pharaonen, die Sumerer und dann die Babylonier ihre Könige. Kein Zufall, dass die ältesten und wichtigsten Königreiche an den grossen Strömen lagen: Die Bewässerung weiter Flächen liess sich ohne eine zentrale Instanz kaum regeln. Ein babylonischer

Mythos erzählt, wie der oberste Gott Ea nach der Menschenschöpfung die Göttin Bēlet-ilī zur Schaffung des Königs auffordert: «Bilde nun den König, den überlegend entscheidenden Menschen! Mit Gutem umhülle seine ganze Gestalt, gestalte seine Züge harmonisch, mach schön seinen Leib!» Klug und überlegt ist also der König, gut und schön – der ideale Mensch, dem alle seine Untertanen gern Folge leisten. Der Pharao ist sogar göttlicher Abkunft, gezeugt von einem Gott, geboren von einer Göttin. In Israel bzw. Juda gilt der «Gesalbte» als von Gott adoptiert: «Mein Sohn bist du» (Ps 2,7), lautet der Zuspruch an ihn im Tempel.

Solche Aussagen entsprechen dem altorientalischen Königsideal. Ein König muss menschliches Mass übersteigen, um über allen Menschen stehen zu können. Zwar ist seine Herkunft wichtig, nach Möglichkeit entstammt er einer altehrwürdigen Dynastie. Doch seine Macht ist nicht verwandtschaftsbasiert, er thront gleichsam über den Familien, Sippen und Stämmen. Erst Erhabenheit ermöglicht Unabhängigkeit. Der König erlässt Gesetze und ist oberste Rechtsinstanz, er ist der Garant von Gerechtigkeit, und zwar insbesondere für solche, die notorisch Unrecht erleiden: Arme, Witwen, Waisen, Fremde. Der König ist der Mittler zwischen Himmel und Erde, zwischen Göttern und Menschen. Er achtet auf die rechte Verehrung der Götter und auf einen geordneten Kult. Dank ihm kommt Segen über das Land. Dank ihm gibt es genügend Niederschlag und hinreichende Fruchtbarkeit. Er sorgt für Wohlstand und Reichtum. Er gewährt Frieden und Sicherheit. Er wehrt Übeltätern und Feinden. Er fördert das Schöne und die Künste. Er macht die Menschen zufrieden und glücklich. Das alles ist natürlich zu viel, als dass ein Mensch, und wäre er noch so klug und tüchtig, es von sich aus leisten könnte. Es ist die gute Macht der Götter, die durch den König wirkt.

So das Ideal. Für solch ideale Herrschaft waren die Sippen und Stämme bereit, etwas von ihrer Selbstbestimmung und ihren Ressourcen abzugeben, über sich jemanden zu dulden, der Macht über sie hatte. Freilich: Reale Königsherrschaft ist nicht immer ideal. Die dem König geliehene Macht kann sich absolut setzen. Der Herrscher fragt womöglich nicht mehr nach dem Willen der Götter (nach dem des Volks schon gar nicht). So kann es geschehen, dass die Menschen von ihrem König mehr Schaden als Gewinn haben. In unübertrefflicher Schärfe wird in der Bibel, in der sogenannten Jotam-Fabel (Ri 9,7–15), die Königsherrschaft als unnütz und schädlich karikiert. Da wollten eines Tages die Bäume einen König über sich setzen. Sie fragten zuerst die Allerbesten – den Olivenbaum, den Feigenbaum, den Weinstock –, ob sie das Amt übernehmen wollten; doch diese drei wollten lieber Frucht tragen, als «sich über den Bäumen zu wiegen» (ein prächtiger Sarkasmus!). Da fragten die Bäume schliesslich den Dornbusch (ausgerechnet ihn!) – und er war sofort bereit. Wenn ihr mich salben wollt, sagte er, dann kommt und bergt euch in meinem Schatten (der Dornbusch – und Schatten!); wo nicht, da wird von mir Feuer ausgehen und die Zedern des Libanon verzehren (die herrlichsten Bäume dieser Region!). In dieser Regierungserklärung eines absolut selbstsüchtigen Tyrannen tun sich die Abgründe der monarchischen Staatsform auf.

In den Samuelbüchern gibt es einen ähnlich bissigen antimonarchischen Text. Als die Israeliten von Samuel die Einsetzung eines Königs verlangen (ganz wie die Bäume!), da lässt er sie wissen, welche Rechte der König für sich beanspruchen wird: Er wird die Söhne des Volks zum Militär einziehen und sie die Kron-

güter bewirtschaften lassen; die Töchter wird er zu Salbenmische-
rinnen, Köchinnen und Bäckerinnen in seinem Palast machen;
die besten Äcker und Weinberge wird er einziehen und seinen
Getreuen als Lehen vergeben; Steuern und Abgaben wird er erheben, um die Staatskosten zu finanzieren; Männer und Lasttiere
wird er Frondienst leisten lassen – kurzum: «Ihr werdet ihm
Knechte sein» (1Sam 8,10–17). Wollt ihr wirklich einen König?
Ja, riefen die Leute, wir wollen. Und so bekamen sie einen: zuerst
einen, der an der grossen Aufgabe scheiterte, Saul, dann einen,
der sie einigermassen bewältigte, David.

Davon erzählen die Samuelbücher. Und sie erzählen es so, dass
sowohl die Licht- als auch die Schattenseiten monarchischer
Herrschaft sichtbar werden. Nach diesem Anfang wird man vom
Staat nicht nur Schlechtes, kann aber von ihm auch nicht nur
Gutes erwarten. Wenn am Ende die Königreiche Israel und Juda
untergehen, ist das nicht eine derart vernichtende Tatsache, wie
man denken könnte. Damit kommt lediglich ein Experiment an
sein Ende, das schon nicht überzeugend begonnen und das sich
nie zu einer Idealform aufgeschwungen hat. Das nachstaatliche
Israel bzw. das Judentum empfand es gewiss als schmerzlich, keinen eigenen König mehr zu haben – zugleich war es darüber aber
auch erleichtert. Dieses Volk war nicht von Beginn seiner
Geschichte an ein Staatsvolk, und es fand, als es das nicht mehr
sein konnte, andere Formen gemeinschaftlichen Lebens.

2. Krieg

Ein kriegerisches Jahrhundert

Die Samuelbücher sind, leider, voller Krieg. Es sei gleich betont: Es gibt Partien im Alten Testament, die eine viel friedfertigere Aura ausstrahlen. Ja, es gibt wundervolle Friedensutopien wie die von «Schwerter zu Pflugscharen» (Jesaja 2,1–4; Micha 4,1–4). Tatsächlich gab es Geschichtsphasen, in denen Israel von Kriegen weitgehend verschont blieb: etwa die Zeit der Perserherrschaft vom 6. bis ins 4. Jahrhundert v. u. Z. Man könnte auch an das Leben der jüdischen Diaspora im maurischen Spanien oder in den modernen Vereinigten Staaten denken – um immerhin einige Beispiele friedlicher Epochen in der Geschichte dieses gewaltgeplagten Volks zu nennen. Die Zeit um die Wende vom 2. zum 1. Jahrtausend jedoch war offenbar alles andere als eine Friedensära.

Als sich um 1000 v. u. Z. die Königreiche Israel und Juda bildeten, fehlte immerhin *ein* kriegerisches Element, das später enorm bedeutsam wurde: Die Zeit der Staatenbildung war eine Epoche *ohne* spürbare Einwirkung auswärtiger Grossmächte auf die Länder der südlichen Levante. Die bis um 1200 v. u. Z. bestehende ägyptische Hegemonie war zerbrochen, und an ihre Stelle trat nicht sofort die Vorherrschaft eines anderen, z. B. eines mesopotamischen Grossreichs. Doch das «Grossmacht-Vakuum» war für die Völkerschaften auf der syrisch-palästinischen Landbrücke nicht nur ein Segen, sondern auch der Grund für zahlreiche regionale Kriege, so als hätten sie herausfinden wollen, wer in der Region die Führung beanspruchen könne. Darauf waren einige der betroffenen Völker aus: die Philister (im Südteil der östlichen

Mittelmeerküste), die Aramäer (im heutigen Syrien) – und eben auch Israel/Juda.

Interessanterweise gab es zur fraglichen Zeit in der gesamten Levante keinen einzigen Flächenstaat. Die Philister wie auch die Phönizier (weiter nördlich an der Mittelmeerküste) waren als Stadtstaaten organisiert. Die meisten anderen Völkerschaften hatten eine tribale, d. h. sippen- und stammesbasierte Lebensform. Doch just, als sich in Israel (unter Saul) und Juda (unter David) territoriale Königtümer zu bilden begannen, kam es zu der gleichen Entwicklung bei den Aramäern und wenig später auch bei den Ammonitern, Moabitern und Edomitern (in dieser Reihenfolge, östlich des Jordans und des Toten Meers). Doch manche Verbände, vor allem nomadisierende – zu nennen sind hier etwa die Midianiter und die Amalekiter (im Negev und auf der Sinaihalbinsel) oder die Ismaeliter und Kedariter (in Westarabien) – behielten weiterhin Stammesstrukturen bei.

Potenziell war jede dieser Gruppen in der Lage und fand auch Gründe, sich mit anderen anzulegen. Die Samuelbücher hallen wider von geradezu zahllosen kleineren und grösseren Kriegen, von denen hier einige, für die politisch-militärische Entwicklung besonders bedeutsame, herausgehoben seien.

Konkrete Kriege des frühstaatlichen Israel

Die *Philisterkriege* in 1Sam 4 (geführt noch von den Stämmen Israels) und 1Sam 13 und 31 (geführt von König Saul) zeigen die erdrückende Überlegenheit der Philister über das sich gerade zum Staat mausernde Israel. Die Stadtkönigtümer an der Mittelmeerküste betrachteten offenbar das judäisch-israelitische Bergland als Hinterland, in dem sie schalten und walten und das sie ausbeuten konnten, wie sie wollten. Die Bibel stellt es so dar, als habe sich – ein wenig schon unter Saul (und Jonatan), dann aber grundlegend unter David – das Blatt gewendet. Symbol dafür ist der grandiose Sieg des jungen David über den scheinbar unbezwingbaren Philistervorkämpfer Goliat in 1Sam 17. Doch auch die Episoden über spätere Kämpfe in 2Sam 5,17–25 und 21,15–22 zeigen ein zwar erbittertes, letztlich aber zu Davids Gunsten ausgehendes Ringen. Historisch betrachtet war es wohl so, dass sich die Philisterstädte und das davidische Israel/Juda auf eine Art angespannter Koexistenz verständigten.

Immer wieder als Gegner Israels treten die *ostjordanischen Völker* Moab und Ammon auf. Moab (mit einem Wohngebiet östlich des Toten Meers) soll schon von Saul besiegt worden sein (1Sam 14,47). Doch von der Kriegsführung Davids erfährt man Einzelheiten: «Und David schlug Moab, und er mass sie mit dem Messseil, indem er sie auf den Boden legte und abmass zwei Seillängen zum Tötenlassen und eine volle Seillänge zum Lebenlassen. Und Moab wurde zu Davids Untertanen, die Tribut entrichteten» (2Sam 8,2). Heute würde derlei klar als Kriegsverbrechen gewertet. Umgekehrt soll ein König von Ammon (im Gebiet des heutigen Amman) einer israelitischen Ortschaft im Ostjordanland, die ihm ein Unterwerfungsabkommen vorschlug, «angeboten» haben, allen Bewohnern das rechte Auge auszustechen (statt sie gleich totzuschlagen); dieser Drohung setzte ein Überraschungsangriff Sauls ein Ende (1Sam 11). Auch David konnte eine kriegerische Auseinandersetzung mit den Ammonitern, die diese angeblich provoziert hatten, für sich bzw. für Israel entscheiden (2Sam 10,1–19; 11,1; 12,26–31).

Dasjenige Volk, das Israel/Juda auf die Dauer den stärksten Widerstand bot, ja sogar im Verlauf eines Jahrhunderts zur führenden Macht der Levante aufstieg, waren die *Aramäer*. Angeblich bekam es schon Saul mit dem tonangebenden aramäischen Fürstentum, demjenigen von Zoba (in der Beka-Ebene zwischen Libanon und Antilibanon) zu tun (1Sam 14,47). David führte Krieg mit einer ganzen Koalition aramäischer Fürstentümer und soll sie aus dem Feld geschlagen haben (2Sam 10). Dass er etwa *alle* Aramäergebiete, bis hinauf zum Eufrat, besetzt hätte, davon kann keine Rede sein. Er soll aber immerhin in Damaskus, der später führenden Stadt in Aram, einen Statthalter eingesetzt haben (2Sam 8,6).

Eine besondere Facette in die Kriegsgeschichten der Samuelbücher bringen Nachrichten über Kämpfe mit den *Amalekitern*. Diese waren ein Verband von Kamelnomaden, der die südlichen Handelswege zwischen dem Golf von Akaba und dem Mittelmeer unsicher machte oder kontrollierte, je nach Sicht. Schon Saul soll versucht haben, sie zu packen und zu vernichten, mit nur teilweisem Erfolg (1Sam 15). Angeblich sollte er dabei den «Bann» anwenden, eine im Alten Orient öfter geübte Kriegsstrategie, die weniger auf menschliche und materielle Beute zielte als auf vollkommene Vernichtung des Gegners – einen Genozid, den angeblich die Gottheit verlangte. Die Erzählung von einem Kampf Davids mit den Amalekitern (1Sam 30) ist anschaulicher und historisch plausibler: Nachdem sie während seiner Abwesenheit seinen Stützpunkt überfallen und ausgeplündert haben, setzt er ihnen bis tief in den Negev hinein nach, fällt in einer Blitzattacke über sie her, kann nicht verhindern, dass 400 Kamelreiter fliehen, macht aber reichlich Beute, mit der er eine Reihe judäischer Dörfer beschenkt (und so für sich gewinnt).

Überschaut man all diese Kriegsberichte, gewinnt man den Eindruck, dass Israel sich unter Saul den verschiedenen feindseligen Nachbarn nur mit Mühe und am Ende überhaupt nicht widersetzen konnte, dass aber das von David in Personalunion geführte Israel/Juda am Ende innerhalb halbwegs gesicherter Grenzen wohnen konnte; verschiedentlich findet sich die Formel «von Dan bis Beerscheba», d. h. vom Fuss des Libanon bis in den Negev. Ein imperiales davidisches Grossreich von der Grenze Ägyptens bis an den Eufrat gab es sicher nicht. Möglicherweise wurde die eine oder andere unterworfene Nachbarvölkerschaft zur Provinz degradiert, zahlten andere vielleicht Tribut (um sich von Verwüstungen freizukaufen). Es ist indes ganz unklar, wie grundsätzlich und wie langanhaltend solche Abhängigkeiten waren.

Eine Art von Krieg wurde bisher noch nicht erwähnt: *Bürgerkriege*. Im Grunde führte schon Saul einen solchen, indem er den von ihm verjagten David mit militärischer Macht durch ganz Juda verfolgte (1Sam 23–26). Auch in dem Krieg, den David von seiner judäischen Basis aus gegen Israel führte (2Sam 2), könnte man einen Bürgerkrieg sehen – sofern man Juda und Israel nicht als zwei verschiedene politische Einheiten betrachtet. Später dann scheinen der Davidsohn Absalom und der Benjaminit Scheba ben Bichri die Sollbruchstelle zwischen Juda und Israel genutzt zu haben, um die Davidherrschaft zu zerbrechen (2Sam 15–20).

Es sei zum Schluss dieses Unterkapitels noch einmal betont: Die kriegerische Seite ist nicht die gewinnendste der Samuelbücher. Doch erstens waren die Zeiten eben nicht friedlich, und zweitens strotzen auch die Gründungsgeschichten und -sagen anderer Völker – man denke etwa an die Griechen, die Römer oder die Germanen – von kriegerischer Gewalt. Die «Helden der Frühzeit» und ihre kühnen Taten scheinen ein fester Topos in der Identitätsbildung von Gesellschaften zu sein.

3.   Macht und Gewalt

Militärische Macht ist nur der besonders ins Auge fallende Teil von Macht. Es gab in der frühen Königszeit auch nichtmilitärische Auseinandersetzungen, in denen es um gruppeninterne, zwischenmenschliche Machtausübung ging. Generell ist Macht etwas ethisch Ambivalentes. Kein Gemeinwesen, keine Beziehung ist gänzlich machtfrei. Macht kann aber sehr verschieden gebraucht werden: von lebensfreundlich bis schadenbringend.

Die dunkle Schwester der Macht ist die Gewalt. Ihr Einsatz ist immer schmerzlich. Es ist ein zivilisatorischer Fortschritt, wenn der Staat ein Gewaltmonopol in Anspruch nimmt (anstelle blossen Faustrechts, das den Stärkeren und Skrupelloseren bevorzugt). Sobald aber der Staat die ihm zugestandene Gewalt gegen eigene Bürger einsetzt – und wäre es auch auf vollkommen legale Weise –, weckt das unweigerlich ungute Gefühle. Die Samuelbücher berichten über zahlreiche Fälle solcher Gewaltanwendung, privater wie staatlicher, bemerkenswerterweise aber auch über einige herausragende Fälle bewussten Gewaltverzichts.

Machtmissbrauch und Gewaltanwendung

Macht und Gewalt können auch *in der Religion* eine Rolle spielen. Ein Beispiel dafür ist die Kultausübung in Schilo, einem Stämmeheiligtum im israelitischen Bergland, zu dem die Bauern aus der engeren und weiteren Umgebung pilgerten. Wer dort Priester war, besass einen einflussreichen Posten. Der Oberpriester von Schilo, Eli, wachte über die Einhaltung der kultischen Regeln. Zum Beispiel durfte niemand – schon gar nicht eine Frau – in betrunkenem Zustand vor die Gottheit hintreten;

Zuwiderhandelnde konnte der Priester des Heiligtums verweisen – auf die Gefahr hin, dass er sich in der Einschätzung einer Person täuschte (1Sam 1,14). Die Priesterfamilie hatte das Anrecht auf bestimmte Anteile am Opferfleisch; denn religiöse Feste waren auch Schlachtfeste. Es gab keine Kirchensteuern, die Geistlichkeit lebte von Naturalspenden der Gläubigen. In Schilo jedoch, bei den Söhnen Elis, waren üble Sitten eingerissen; sie wollten und nahmen mehr und besseres Fleisch, als ihnen zustand, und die Gläubigen mussten sich fügen (1Sam 2,12–16). Machtmissbrauch durch den Klerus ist also keine erst neuzeitliche Erscheinung.

So alt wie die Menschheit sind Machtmissbrauch und Gewaltanwendung *in der Familie*. Die erste Geschichte «jenseits von Eden» erzählt von einem Brudermord (Genesis 4,1–16). Auch in den Samuelbüchern geraten Brüder aneinander, mit tödlichen Folgen: Der Erstgeborene Davids, Amnon, wird vom Zweitältesten, Absalom, auf einen sexuellen Übergriff hin erschlagen (2Sam 13,23–33). Genauso kann es zwischen Vätern und Söhnen um Leben und Tod gehen. Saul fällt über seinen Sohn Jonatan, der ein königliches Gebot übertreten hat, das Todesurteil, und nur mit knapper Not können die Krieger Israels dessen Vollstreckung verhindern (1Sam 14,36–45). Absalom revoltiert gegen seinen Vater David, und diesem ist völlig klar, dass es um nicht weniger als seinen Kopf geht (2Sam 16,11). Auch Frauen können untereinander wenig zartfühlend sein: so die kinderreiche Peninna gegenüber der kinderlosen Hanna (1Sam 1,2–7).

Ferner gibt es in den Samuelbüchern auch eine Reihe von Beispielen für Männergewalt *gegen Frauen*. Hierhin ist wohl schon Davids Umgang mit seiner ersten Frau, der Saultochter Michal, zu rechnen, von der oben die Rede war. Erst recht ist Davids

Ehebruch mit Batseba ein eklatanter Fall von Machtmissbrauch (2Sam 11,1–5). In der Exegese wird darüber gestritten, ob sie ihn verführt oder er sie vergewaltigt hat. Der Text ist darin nicht eindeutig, doch weist schon das gewaltige Machtgefälle zwischen dem König und einer Soldatenfrau nicht auf einvernehmlichen, sondern auf erzwungenen Sex. Ganz klar eine Vergewaltigung hat der Prinz Amnon an der Prinzessin Tamar, seiner Halbschwester, begangen: Unter Vortäuschung einer schweren Erkrankung, in der sie ihn pflegen müsse, hatte er sie zu sich gelockt und sie gegen ihren verbalen und auch physischen Widerstand ins Bett gezerrt. Die Entehrte jagte er, verächtlich und herzlos, davon, worauf sie für alle Zeit «vernichtet» war (2Sam 13,1–21). Eine ungute, zumindest unglückliche Rolle spielt in diesem Skandal David: Zuerst schickt er die arglose junge Frau zu ihrem Vergewaltiger, dann unterlässt er es, irgendetwas zu seiner Bestrafung und zu ihrer Genugtuung zu unternehmen.

Da die Samuelbücher in erster Linie Geschichtsschreibung sind, schildern sie immer wieder auch die Anwendung von Macht und Gewalt *in politischen Auseinandersetzungen*. Saul rottet ein ganzes Priestergeschlecht aus, weil er dessen Oberhaupt verdächtigt, mit dem von ihm geächteten David zu kooperieren (1Sam 22,6–19). David weiss nicht anders zu überleben, als dass er eine mehrhundertköpfige Schar von Kämpfern um sich versammelt, mit der er das unwegsame Gebiet des südlichen Juda unsicher oder sicher macht, je nach Lesart (1Sam 22,1–2; 25,1–13); ein Milizenführer ist aber von Grund ein Mann der Gewalt. Es bleibt nicht aus, dass der reguläre König des benachbarten Israel, Saul, diesen Unruheherd zu ersticken versucht; immer und immer wieder rückt er mit bewaffneter Macht aus, um Davids habhaft zu werden – ein Katz- und Mausspiel in der Wüste, das David nur dank seiner Pfiffigkeit und glücklicher Zufälle überlebt (1 Sam 23–26). Als Saul gefallen ist und sich die politischen Gewichte zu David hin verschieben, beginnen sich ihm wichtige Personen aus Israel anzunähern: Sauls Heerführer Abner läuft zu ihm über, wird aber ermordet; zwei Offiziere bringen den abgeschnittenen Kopf von Sauls Sohn und Nachfolger Eschbaal zu David, werden aber hingerichtet (2 Sam 3–4). Die Herrschaft des älter gewordenen David wird durch Aufstände erschüttert, die er jeweils mit brachialer Gewalt niederwerfen lässt (2 Sam 15–20). Und in einer Geschichte aus dem Anhang der Samuelbücher wird erzählt, dass er, angeblich auf ein göttliches Orakel hin, sieben männliche Nachkommen Sauls auf einmal hat hinrichten lassen und dann gar noch ihre Bestattung verweigerte (2 Sam 21,1–9).

Das sind nur Ausschnitte aus dem in den Samuelbüchern fast pausenlos laufenden Gewalt-Film. Umso mehr fällt eine Reihe von Geschichten ins Auge, in denen darauf *verzichtet* wird, überlegene Macht anzuwenden und nackte Gewalt auszuüben. Ich wage die Behauptung, dass die Autoren das Augenmerk ihrer Leserschaft eben auf *sie* richten wollten, um auf diese Weise ein Gegengewicht zu schaffen gegen die alltäglichen Gewalterfahrungen.

Macht- und Gewaltverzicht

Der eben gekürte erste König stösst in manchen Kreisen der Bevölkerung auf Ablehnung. Skeptisch fragen sie: «Was kann der uns schon helfen?» (1 Sam 10,27) Doch Saul bewährt sich glänzend im Kampf gegen die Ammoniter. Nach dem Sieg hört er, wie rabiate Anhänger rufen: «Wer sagt da: ‹Soll Saul etwa König sein über uns ›? Gib uns die Männer, damit wir sie töten!» Darauf Saul: «An diesem Tag soll niemand getötet werden; denn heute hat Jhwh Rettung gebracht in Israel» (1Sam 11,12–13). Einem König stehen Demut und Grossmut gut zu Gesicht, nicht Dünkel und Rachsucht: Das kann man aus dieser Geschichte lernen.

David bekommt Saul, der ihn mit Heeresmacht verfolgt, zweimal in die Hände. Ganz leicht könnte er ihn töten, doch beide Male weigert er sich trotz entsprechender Ratschläge mit der Aussage, man dürfe «den Gesalbten Jhwhs» auf keinen Fall anrühren; wenn, dann möge Jhwh ihn strafen, er, David, werde seine «Hand nicht gegen ihn erheben» (1Sam 24; 26).

In die beiden Geschichten von der Verschonung Sauls eingelagert ist eine Erzählung, in der David sich vom gewaltbereiten Bandenführer wandelt zu einem Mann, der sich selbst beherrscht – und dadurch heranreift zu einem guten Herrscher. Seine Lehrmeisterin dabei ist Abigajil, die Frau Nabals. Als David, wutentbrannt und mit brutalen Sprüchen, seine Truppe zu einem Rache-Feldzug gegen ihr Anwesen führt, stellt sie sich ihm in den Weg. Sie händigt ihm nicht nur Eselslasten von Naturalabgaben aus, sondern hält ihm eine geschliffene Rede über die Vorzüge des Gewaltverzichts für einen Mann, mit dem Gott Grosses vorhat. Und siehe da, David hört auf diese Frau (1Sam 25).

Im Orient war es gang und gäbe, dass Herrscher, die die Macht mit Gewalt an sich gerissen hatten, ihre Vorgänger samt ihren Familien restlos ausrotteten, um eventuellen Revanchegelüsten vorzubeugen. David indes soll, bevor er an die Macht gelangte, sowohl dem Kronprinzen Jonatan als auch dem König Saul versprochen haben, ihren Nachkommen nichts zuleide zu tun (1Sam 20,14f; 24,22f). Und in der Folge wird sehr ausführlich erzählt, wie er, nachdem Saul und Jonatan in der Schlacht gefallen sind, den verkrüppelten Saulnachkommen Meribaal zuvorkommend und grosszügig behandelt (2Sam 9).

David wird überhaupt als ein Herrscher geschildert, der in der Anwendung von Gewalt eher zurückhaltend war – und das auch in Fällen, wo machtvolles Durchgreifen womöglich angebracht gewesen wäre. Warum schonte er seinen Erstgeborenen, Amnon, nachdem dieser zum Vergewaltiger, und den Zweiten, Absalom, als er zum Brudermörder geworden war (2Sam 13–14)? Nur aus Schwäche für seine Söhne? Dagegen spricht eine Geschichte, in der er sich erstaunlich mild gegen einen Parteigänger Sauls zeigt: Als er sich vor dem aufständischen Absalom aus Jerusalem zurückziehen muss, beschimpft ihn ein gewisser Schimi ben Gera lauthals und bewirft ihn gar mit Erde und Steinen. Ein Kampfgefährte erbietet sich, dem Frechling den Kopf abzuschlagen, doch David hält ihn zurück: Dies sei eine Prüfung, die Jhwh ihm auferlegt habe; womöglich werde Jhwh es ihm mit Gutem vergelten, wenn er diesem Bösen nichts antue (2Sam 16,5–12). David erscheint in solchen Szenen als einer, der auf Böses nicht reflexartig mit Härte reagiert, sondern lieber Gnade vor Recht ergehen lässt. Ob damit der historische David zutreffend gezeichnet ist, ist eine andere Frage.

So leuchten in den Samuelbüchern, die so randvoll sind von Gewalt, immer wieder auch Szenen auf, in denen auf Gewalt bewusst verzichtet wird.

Gott und die Menschen in den Samuelbüchern

Es gibt nicht «*den* biblischen Gott» und nicht «*das* biblische Menschenbild», vielmehr zeigen die verschiedenen biblischen Bücher in beidem sehr unterschiedliche Konturen. Es gibt solche, in denen Gott so gut wie nie vorkommt (Ester), wie solche, in denen er völlig im Zentrum steht (die meisten Prophetenbücher), er kann ein überaus strenges (Amos) oder ein vollkommen sanftes Antlitz zeigen (Jona). Menschen können in einem philosophischen Disput gezeigt werden (Hiob), im Ringen mit ihren Lebensumständen und mit Gott (Psalmen) oder in ihrer orthodoxen – oder unorthodoxen – Haltung gegenüber den Vorschriften des Kults (Chronik). Die Samuelbücher zeichnen ganz eigene Bilder von Gott und den Menschen: recht archaische und lebensnahe, oft höchst überraschende, jedenfalls solche, die Leserinnen und Leser in ihren Bann ziehen.

1.   Bilder vom Menschen

Letzte werden Erste

Das Lied der Hanna – einer der jüngsten Texte der Samuelbücher und gleichsam eine Leseanleitung für alles Folgende – redet einer seltsamen Verkehrung der gewohnten Ordnungen und Werte das Wort: «Der Bogen der Helden hat Angst, Strauchelnde aber haben sich mit Kraft gegürtet. Satte machen sich dienstbar um Brot, Hungrige aber müssen das nicht mehr tun. Die Unfruchtbare gebiert sieben, die aber viele Kinder hat, ist verwelkt. [...] Jhwh macht arm, und er macht reich, er erniedrigt, aber er erhöht auch; er richtet den Geringen auf aus dem Staub, hebt den Armen auf aus dem Kot, um ihn neben Edle zu setzen, und einen erhabenen Thron teilt er ihnen als Erbbesitz zu» (1Sam 2,4–5.7–8). Man könnte diesen Passus überschreiben mit «Die Ersten werden die Letzten und die Letzten die Ersten sein». Wer die Samuelbücher liest, sollte darauf gefasst sein, dass nicht die nach oben ausschwingen und die nach unten wegfallen, von denen man das erwartet, sondern gerade die, von denen man es nicht gedacht hat. Gott hat seine eigenen Massstäbe und seine eigenen Pläne, und entsprechend überraschend können die Lebensläufe von Menschen ausfallen. Das wird in den nachfolgenden Erzählungen ein ums andere Mal demonstriert.

Hanna selbst, die «Unfruchtbare», die «gebiert», ist das erste und gleich schon ein sehr eindrückliches Beispiel. Die anderen Aussagen ihres Lieds erfüllen sich später in den Samuelbüchern. Dass «der Bogen der Helden Angst hat, Strauchelnde aber sich mit Kraft gürten», passt auf eine ganze Reihe von Kampf- und Kriegserzählungen. Der geistliche Führer Samuel besiegt die Philister – doch eigentlich nicht er, sondern Jhwh, der es «donnern» lässt und die Feinde «verwirrt» (1Sam 7,10–11). Der Bauer Saul, eben noch hinter dem Pflug gehend, wird vom Gottesgeist angesprungen und besiegt die so selbstsicheren Ammoniter (1Sam 11,5–11). Der kecke Saulsohn Jonatan überrascht und besiegt, begleitet allein von seinem Waffenträger, eine zwanzigköpfige Philistertruppe, woraufhin das ganze Philisterheer von einem «Gottesschrecken» befallen wird und Israel unterliegt (1 Sam 14,13–15). Der jugendliche David, nicht imstande, eine Kampfrüstung zu tragen, besiegt mit seiner Schleuder den furchteinflössenden Philistervorkämpfer Goliat (1 Sam 17,32–51). Der zum Stadtkönig aufgestiegene David besiegt die Amalekiter, die seine Stadt überfallen und sich mit ihrer Beute in den unwegsamen Negev zurückgezogen haben, mithilfe eines göttlichen Orakels (1 Sam 30,1–20). Der inzwischen König von Juda und Israel gewordene David besiegt zuerst die Philister dank zuverlässiger Leitung durch das Orakel (2 Sam 5,17–25) und dann alle möglichen weiteren Nachbarländer, denn «Jhwh stand David bei, wohin er auch zog» (2 Sam 8,6). Und seinen eigenen Sohn Absalom, der ihn faktisch abgesetzt und aus Jerusalem vertrieben hat, besiegt er, weil «Jhwh es so bestimmt hatte» (2 Sam 17,14). David besiegt erneut die Philister, die drauf und dran sind, ihn zu schlagen, doch eilen ihm tapfere Männer seiner Truppe zu Hilfe und schalten die mächtigsten feindlichen Kämpfer aus (2 Sam 21,15–22).

Hanna sang: Gott «richtet auf aus dem Staub den Geringen», um ihm «einen erhabenen Thron als Erbbesitz zuzuteilen». Wer erbt den «Thron» Elis? Nicht einer der Söhne Elis, sondern das Ziehkind Samuel. Wer wird erster König in Israel? Nicht ein schon weit herum bekannter und geachteter Kämpfer und Stammesführer, sondern der völlig unbekannte Saul aus dem kleinen Stamm Benjamin. Wen salbt Samuel zum Nachfolger Sauls? Keinen der sieben älteren, ansehnlichen Söhne Isais, sondern den achten, kleinsten und zunächst schlicht vergessenen David (1 Sam 16,1–13). Wer erbt dann tatsächlich Sauls Thron? Nicht der so tüchtige und ehrenwerte Kronprinz Jonatan, nicht der machtvolle Heerführer Abner, auch nicht der von diesem auf den Schild gehobene Saulsohn Eschbaal, sondern David, den Saul verstossen hat und der sich eine Zeitlang als Bandenführer und Philistersöldner durchschlagen musste. Und wer wird Davids Nachfolger? Nicht Amnon oder Absalom, sein Erst- und sein Zweitgeborener (die sind längst tot), sondern Salomo, der Zehnte in der siebzehnköpfigen Reihe der Davidsöhne (vgl. 2Sam 3,2–4; 5,13–16). Erste werden Letzte, Niedere werden hinaufgehoben!

Liebe und Hass

Liebe ist ein über den turbulenten Ereignissen leicht zu übersehendes und doch bedeutsames Leitthema in den Samuelbüchern. Es beginnt damit, dass Elkana, später der Vater Samuels, Hanna, seine zunächst noch kinderlose Frau, «liebt» (1Sam 1,5). Er versucht, sie in ihrem Kummer zu trösten, vermag dies aber nicht. Dann aber wird sie wunderbarerweise doch schwanger. Samuel ist also aus einer echten Liebesbeziehung hervorgegangen.

Ein Liebespaar sind auch David und Michal – wobei die Liebe klar von Michal ausgeht. Dass sie ihn «geliebt» habe (1Sam 18,20), ist für die damalige Zeit eine ganz aussergewöhnliche Formulierung. Freilich beschreibt der Begriff «Liebe» im Hebräischen nicht nur eine emotionale Beziehung, sondern auch unbedingte Gefolgschaftstreue zwischen einem oder einer Höhergestellten und einem oder einer sozial niedriger Stehenden. Die Liebe der Prinzessin Michal zu dem Soldaten David könnte also etwas sein wie der Gunsterweis einer Herrin gegenüber einem ihr Gehorsam Schuldenden. Freilich stellt sie schon sehr bald ihre selbstlose Verbundenheit mit David unter Beweis, indem sie ihm die Flucht vor Sauls Häschern ermöglicht (1Sam 19,11–17).

Ein Liebesverhältnis gibt es nicht nur zwischen David und der Prinzessin Michal, sondern auch zwischen ihm und dem Kronprinzen Jonatan. Als der jugendliche Held David den Philisterriesen Goliat besiegt hat, entflammt der Prinz für ihn, ja, «er liebte ihn wie sein eigenes Leben» (1Sam 18,1). Auch das ist eine höchst ungewöhnliche Aussage, ist sie doch offen dafür, als Homoerotik verstanden zu werden. Gleiches gilt für eine Zeile in Davids Trauerlied auf Saul und Jonatan nach deren Schlachtentod: «Ganz eng ist mir um deinetwillen, mein Bruder Jonatan. Du warst mir sehr teuer! Wunderbarer war mir deine Liebe als Frauenliebe» (2Sam 1,26, eigene Übersetzung). Hier ist das letzte Wort noch doppeldeutig: «als die Liebe *von* Frauen» oder «als die Liebe *zu* Frauen». Doch so oder so: David war an Jonatan mehr gelegen als an Frauen! Wohl hatten sie beide Frauen und Kinder, doch schliesst das homosexuelle oder bisexuelle Neigungen ja nicht grundsätzlich aus. Allerdings gilt auch hier wieder: Jonatan ist höhergestellt als David, also könnte seine «Liebe» wieder die Zuneigung zu einem Gefolgsmann meinen, von dem er Gefolgschaftstreue erwartete.

Dann die «Liebe», die Amnon zu Tamar hat (2Sam 13,1). Amnon ist der älteste Sohn Davids, und Tamar ist eine Tochter Davids – zwar von einer anderen Frau, doch sind beide Davids Kinder und Halbgeschwister. Für heutige Lesende hat das einen starken Einschlag ins Inzestuöse, doch scheinen solche Ehen seinerzeit möglich gewesen zu sein. Nun ist allerdings der Vollbruder Tamars Absalom, der nächstälteste Davidsohn, das heisst, Amnon begehrt eine junge Frau – wohl fast ein Mädchen noch –, die unter der Obhut seines Vaters und seines Bruders steht. Ohne deren Einverständnis geht da nichts! Doch Amnon will gar nicht um Tamars Hand anhalten, er will sie sexuell besitzen. Und das gelingt ihm mit einer üblen List und nur gegen ihren Willen. Kaum hat er sie vergewaltigt, «da empfand Amnon abgrundtiefen Hass gegen sie; der Hass, den er empfand, war grösser als die Liebe, die er für sie empfunden hatte» (2Sam 13,15). Ganz nahe liegen hier Liebe und Hass beieinander. Konnte die Liebe sich nicht auf einvernehmliche Weise erfüllen, schlägt sie in Hass um. Vermutlich hasst Amnon auch sich selbst.

Gleich danach ist noch einmal von Hass die Rede: «Und Absalom hasste Amnon dieser Sache wegen, weil er seine Schwester Tamar vergewaltigt hatte» (2Sam 13,22). Der Bruder, nach altorientalischer Vorstellung verantwortlich für seine Schwester, hat diese nicht schützen können – aber er wird sie rächen. Zwei Jahre hält er still, lässt scheinbar Gras über den Skandal wachsen, wartet in Wahrheit aber nur auf eine Gelegenheit, Amnon in die Hand zu bekommen und ihn, ohne Gegenwehr erwarten zu müssen, zu erschlagen (bzw. erschlagen zu lassen: 2Sam 13,23–29). So gebiert ein Hass den anderen, die Vergewaltigung der Schwester zieht die Ermordung des Bruders nach sich.

Und wie steht David zu den Geschichten um Liebe und Hass unter seinen Kindern? Er spielt keine glückliche Rolle. Tamar liefert er, offenbar unwillentlich, an ihren Vergewaltiger aus (2Sam 13,7); diesen zieht er nach vollbrachter Untat nicht zur Rechenschaft, «weil er ihn liebte, war er doch sein Erstgeborener» (so die griechische Version von 2Sam 13,21, siehe unten das Kapitel «Die textliche Überlieferung der Samuelbücher»). Als sich dann Absaloms Rache-Netz zuzieht, schickt David

Amnon – wieder ohne zu wissen, was er tut – ins Verderben
(2Sam 13,27). Nach dem Brudermord und der anschliessenden
Flucht des Mörders ins Ausland scheint David hin- und herge-
rissen zwischen dem Wunsch nach Bestrafung und der Sehn-
sucht nach Versöhnung (2Sam 13,39; 14,1). Schliesslich wird
er vom General Joab aus seiner Erstarrung gerissen, begnadigt
Absalom, will aber demonstrativ nichts mit ihm zu tun haben,
was diesen wiederum beleidigt (2Sam 14,2–24) und wahrscheinlich mit ein Grund ist für seinen bald folgenden Putschversuch. Und *beinahe* hätte Absalom Erfolg gehabt, scheiterte
aber an der politischen Raffinesse und der militärischen Rou-
tine Davids. Dieser hatte, so wird es dargestellt, alles versucht,
das Leben Absaloms zu schützen – vergeblich. David bricht, als
er von dessen Tod erfährt, in bodenlose Trauer aus, beklagt, dass
er nicht anstelle des Sohns gestorben sei – und wird von Joab
dafür zurechtgewiesen, dass er seine Soldaten düpiert: «Die dich
hassen, liebst du, und die dich lieben, hasst du» (2Sam 19,7).
Wieder liegen Liebe und Hass nah beieinander, werden gleichsam seitenverkehrt geübt. Wie kann man einen Sohn lieben, der
einen hasst? Der General hat recht – und versteht doch nichts
von Liebe.

Klugheit und List

Im Israel der Königszeit waren die gesellschaftlichen Unterschiede gross und die Hierarchien steil. An der Spitze des Staats
stand der König, dem sich die Untertanen nur mit allen Zeichen
der Unterwürfigkeit nähern durften. Um ihn sammelte sich eine
relativ schmale Führungsschicht, der eine breite Schicht von
Kleinbauern und, noch unter diesen, von sozial Marginalisierten

gegenüberstand. Generell waren Frauen gegenüber Männern im Nachteil. Den jeweils Niederen empfahl es sich, ihre Interessen gegenüber Oberen nicht zu direkt zu vertreten, sondern Umwege zu gehen, Listen und Finten einzusetzen, um ihre Ziele zu erreichen.

Michal überlistet das Verhaftungskommando Sauls und lügt diesem, als er sie wegen Fluchthilfe für David zur Rede stellt, frech ins Gesicht: David habe sie gezwungen, ihn laufen zu lassen. So zieht sie ihren Kopf aus der Schlinge, schützt ihren Mann und entgeht der Rache ihres Vaters (1Sam 19,11–17).

David soll mit seinem philistäischen Lehnsherrn Achisch mit in die Entscheidungsschlacht gegen Israel ziehen, wird dann aber, als unsicherer Kantonist, aussortiert. Lauthals protestiert er: «Was habe ich denn getan […], dass ich nicht mitkommen und gegen die Feinde meines Herrn, des Königs, kämpfen darf?» (1Sam 29,8). Das ist eine durchtriebene Formulierung, denn David sagt nicht, *wer* sein «Herr, der König» ist; Achisch denkt natürlich, er sei es, während die Leserschaft denkt, es sei der König Israels, Saul, und David habe beabsichtigt, im letzten Moment die Front zu wechseln.

Wie David andere, so führen andere auch ihn hinters Licht. Nach seinem Ehebruch mit Batseba will der Prophet Natan ihn zur Rede stellen. Doch er tut das nicht direkt, sondern erzählt ihm eine Geschichte, die der König für einen Rechtsfall hält: Da habe ein reicher Herdenbesitzer einem armen Mann sein einziges Schäfchen weggenommen und es einem Gast zuliebe geschlachtet. David, voll gerechten Zorns, fällt über den Übeltäter das Todesurteil – um dann von Natan zu hören: «Du bist der Mann!» (2Sam 12,1–7a) Es ehrt David, dass er in sich geht, statt gegen den Propheten vorzugehen.

Ein ganz ähnlicher Fall wiederholt sich wenig später, als eine Witwe David eine Geschichte erzählt, die ihn zu einem Urteil veranlasst, das sich plötzlich gegen ihn selbst wendet: Er verspricht ihr, sich für ihren straffällig gewordenen Sohn einzusetzen – und erfährt plötzlich, dass sein eigener, straffällig gewordener Sohn Absalom gemeint ist (2Sam 14,4–24).

Ein letztes Beispiel: David, aus Jerusalem vertrieben, schleust in die Umgebung seines aufständischen Sohns Absalom einen Berater namens Chuschai ein. Dieser nähert sich Absalom mit dem lauten Ruf: «Es lebe der König!» – ohne zu sagen, wer für ihn «der König» ist. Absalom bemerkt spöttisch: «Das also ist deine Treue dem gegenüber, der dir Vertrauen schenkt!» Chuschais Antwort: «Wen Jhwh, wen dieses Volk und wen jeder von Israel erwählt hat, zu dem werde ich gehören!» (2Sam 16,15–18) Auch dies ist höchst gerissen: Chuschai sagt nicht, *wen* Jhwh erwählt hat und zu *wem* er gehört. Absalom denkt, er sei es, die Leserschaft weiss: Es ist David.

Die Erzähler stellen solche Listen und Tricks nicht als verwerflich hin. Vielmehr haben sie offenbar Freude an der Raffinesse, mit der Schwächere sich gegen Stärkere behaupten und sogar durchsetzen können. Es sei erlaubt, hier an spätere literarische Figuren wie Till Eulenspiegel, den braven Soldaten Schwejk oder den Herrn Keuner zu erinnern.

2. Gottesbilder

Oben wurde gesagt, es gebe nicht *den* biblischen Gott. Nicht einmal in den Samuelbüchern gibt es nur *ein* Gottesbild, sondern viele. Das ist nicht verwunderlich, haben an der Entstehung dieser Texte doch über Jahrhunderte hinweg zahlreiche Menschen mit verschiedenen Überzeugungen mitgewirkt (siehe unten das Kapitel «Die Entstehung der Samuelbücher»). Diese Autoren sprechen oft nicht selbst über Gott, sondern lassen Erzählfiguren über ihn sprechen – wobei nicht sicher ist, ob sie die Ansichten der Autoren vertreten. Es resultiert ein eigentümlich vielfarbiges und schillerndes Bild.

Der eigenwillige Gott

Die Israeliten glaubten ihren Gott über der heiligen Lade, einem kastenförmigen Kultgegenstand, gegenwärtig. Einst holten sie die Lade in eine Schlacht mit den Philistern, in der festen Überzeugung, jetzt würden sie siegen. Doch siehe da, die Philister siegen und schleppen die Lade als Beute davon, stellen sie triumphierend vor eine Statue ihres Gottes Dagon. Jhwh – gefangen und gedemütigt. Doch die Dagon-Statue fällt nachts um, mehrmals. Und die Philister werden krank, jeweils dort, wo sich die Lade befindet. Am Ende haben sie nur *einen* Wunsch: das unheimliche Ding (und damit den Gott Israels) wieder loszuwerden (1Sam 4–6). Jhwh, so zeigt dies, ist seinem Volk nicht willenlos zu Diensten, und er ist auf die Dienste seines Volks nicht angewiesen.

Der ambivalente Gott

Die Israeliten verlangen von Samuel einen König. Samuel ist gekränkt, und auch Gott bekundet sein Missfallen. «Nicht dich haben sie verworfen, sondern mich», teilt Gott Samuel mit (1Sam 8,7). Gleichwohl fordert er diesen auf, dem Volk zu Willen zu sein – nur solle er es zuvor warnen, dass Könige viel fordern und selten etwas geben. So verkündet Samuel ein sarkastisches «Königsrecht» (1Sam 8,11–17). Vergebens, Israel beharrt auf seinem Wunsch. Da gibt Gott nach, hilft sogar, einen Mann zu finden, der ein guter König zu sein verspricht (1Sam 9), und lässt in einem Losverfahren das Los genau auf den von ihm favorisierten Saul fallen (1Sam 10,17–24). Jhwh hat, so scheint es, ein ambivalentes Verhältnis zu Königtum und Staat!

Der reumütige Gott

Schon bald zeigt sich, dass Saul sich anders entwickelt als von Gott (und von Samuel) gedacht. Er gehorcht Gottes (bzw. Samuels) Befehlen nicht mehr aufs Wort. Da sagt Gott zu Samuel: «Es reut mich, dass ich Saul zum König gemacht habe» (1Sam 15,11). Ein Gott, der etwas bereut, was er selbst getan hat? Dieser Gedanke fügt sich schwer in gängige Gottesbilder. Er passte auch einem späteren Bearbeiter des betreffenden Textes nicht, und so liest man jetzt bald nach jenem irritierenden auch den beruhigenden Satz: «Er [Gott] ist kein Mensch, dass ihn etwas reute» (1Sam 15,29). Was Gott jetzt angeblich *nicht* bereut, ist, dass er Saul durch Samuel hat verwerfen lassen. Heisst das, dass Gott Wohltaten bereut, nicht aber Strafmassnahmen? Das auch wieder nicht: Im letzten Kapitel der Samuelbücher wird erzählt, dass Gott eine tödliche Strafe über Israel brachte – dies dann aber «bereute» und seinem Strafengel Einhalt gebot (2Sam 24,16).

Der abweisende Gott

Saul bemüht sich allermeist, mit Gott in Kontakt zu sein, seinen Willen zu erfragen und zu erfüllen. Doch immer wieder muss er erleben, dass Gott (bzw. der Prophet Samuel) sich ihm verschliesst. Während einer Schlacht erweisen sich Orakelanfragen an Gott als zu langwierig (1Sam 14,18–19) oder sie bleiben unbeantwortet, weil Gott verstimmt ist (1Sam 14,37). Am Ende der Saultragödie sieht man den König voller Angst Gott bestürmen – doch der schweigt (1Sam 28,6). Saul greift daraufhin zum verzweifelten Mittel einer Totenbefragung – und erhält von dem heraufbeschworenen Samuel nichts als eine vollkommen niederschmetternde Auskunft (28,16–19). Weh dem, der bei Gott in Ungnade gefallen ist!

Der hilfreiche Gott

Ganz anders zeigt sich der Gott, mit dem David zu tun hat. Gott wählt seinen Favoriten nicht nur aus (1Sam 16,1–13), sondern hält ihm über Höhen und Tiefen hinweg die Treue, verwirft ihn auch dann nicht, wenn er schwer versagt. David soll häufig Orakel eingeholt haben, und immer mit Erfolg (z. B. 1Sam 23,1–5; 30,7–8; 2Sam 5,17–25). Von 1Sam 16,18 bis 1Kön 1,37 wird achtmal fast wortgleich festgestellt, Jhwh sei «mit David» gewesen. Als David den Entschluss fasst, Jhwh in Jerusalem einen Tempel zu bauen, lässt Gott ihn wissen: Nicht David solle ihm, sondern er wolle David ein Haus bauen – gemeint ist: eine langlebige Dynastie, das «Haus Davids» (2Sam 7,5.11). Gott lässt David alle Kriege gegen die Nachbarvölker gewinnen (2Sam 8,1–15). Auf dem Zenit seines Erfolgs wird David zwar zum Ehebrecher und Mörder (2Sam 11), doch Gott akzeptiert sofort seine Busse (2Sam 12,13). Während des Absalom-Aufstandes lenkt Gott die Geschicke so, dass am Ende David oben ausschwingt (2Sam 17,14). Als dieser durch eine Volkszählung Gottes Unmut und ein schweres Strafgericht heraufbeschworen hat, wird ihm, sobald er nur Einsicht zeigt, ein Weg gewiesen, wie sich das Unglück beenden lässt (2Sam 24,17–25). Wohl dem, der bei Gott in Gnade steht!

Der benutzte Gott

Als David das erste Mal Gelegenheit erhält, Saul umzubringen, stacheln ihn seine Mitkämpfer auf: «Sieh, heute ist der Tag, von dem Jhwh zu dir gesagt hat: Sieh, ich gebe deinen Feind in deine Hand» (1Sam 24,5). Eine solche Zusage ist nirgendwo vorher erwähnt; offenbar haben jene mordlustigen Männer sie erfunden. Als sich der Heerführer Abner mit dem Nachfolger Sauls, Eschbaal, überwirft, ruft er voller Zorn, er werde jetzt das wahrmachen, was «Jhwh David geschworen hat […]: Dem Haus Sauls das Königtum nehmen und den Thron Davids aufrichten über Israel» (2Sam 3,9–10); ein solcher Schwur Jhwhs ist freilich nirgendwo überliefert. Als die Israeliten David die Königswürde antragen, sagen sie: «Jhwh hat zu dir gesagt: Du […] sollst Fürst [*nāgîd*] werden über Israel» (2Sam 5,2); derlei hat Gott aber nicht zu David gesagt, vielmehr hatte er Samuel angewiesen, *Saul* «zum Fürsten [*nāgîd*] zu salben über mein Volk Israel» (1Sam 9,16). Da hängen Menschen ihr Mäntelchen in den politischen Wind – und finden es angebracht, sich dafür auf Gott zu berufen.

Die vielleicht wichtigste Gottesdefinition des Alten Testaments findet sich in Ex 34,6–7. Jhwh wird da beschrieben als «ein barmherziger und gnädiger Gott, langmütig und von grosser Gnade und Treue». Andererseits lässt Jhwh Sünde «nicht ungestraft, sondern sucht die Schuld der Vorfahren heim [noch] an Söhnen und Enkeln». Gott ist also grundsätzlich gütig, doch lässt er Böses nicht einfach geschehen. Es ist, als ob dieses (ungleichgewichtige!) Einerseits-Andererseits in den Samuelbüchern mehrfach vorgeführt würde. Gott lässt den Priester Eli samt seinen bösen Söhnen lange gewähren, doch eines Tages fordert er Rechenschaft: zuerst von den Söhnen, dann von Eli (1Sam 4). Saul wird schon bald nach seinem Amtsantritt verworfen (1Sam 13,7b–14; 15), doch dann darf er noch sehr lange amten (bis 1Sam 31), so, als wolle Gott ihm «Gnade und Treue» nicht zu rasch wieder entziehen. David erfährt, wie oben gezeigt, Gottes «Gnade und Treue» in fast übergrossem Mass (1Sam 16 – 2Sam 10). Nachdem er sich dann gegen Gott und Menschen vergangen hat, verliert er nicht gleich Herrschaft und Leben, stürzt aber von einem Unheil ins nächste und büsst so für seine Missetat (2Sam 12–20).

Warum hat Gott in den Samuelbüchern so viele Seiten und Gesichter? Vielleicht, weil viele Autoren in verschiedenen Zeiten und mit unterschiedlichen Ansichten an diesen Texten mitgeschrieben haben (davon wird später noch die Rede sein). Ein anderer Grund könnte sein, dass Israel nur von *einem* Gott wissen wollte, der dann fast zwangsläufig vielgestaltig und verschieden deutbar sein musste. Eben dies erschwert es, sich von ihm ein zu festes und einseitiges Bild zu machen. Nicht Menschen haben zu bestimmen, wer und wie Gott ist – nur er selbst kann dies, und er tut es auf überraschende Weise immer neu.

A ✦ ET VCTO ⋅ ER Ã FILÇATO ⋅ DIQVADRELLI

Die Samuelbücher als Literatur

Viele Völker und Staaten haben Ursprungs- bzw. Gründungs-
erzählungen. Die Sargon-Legenden, abgefasst teils in sumeri-
scher, teils in akkadischer Sprache ab dem späteren 3. Jahrtausend v. u. Z., schildern den Aufstieg des Gründerkönigs des
altbabylonischen Reichs zur Macht. Der Hetiterkönig Hattuschi-
lisch III. liess im späteren 2. Jahrtausend von sich berichten, wie
er auf verschlungenen Wegen auf den Thron gelangte und den
Grundstein eines auf Jahrhunderte bedeutenden Reichs legte.
Die Aeneis Vergils erzählt, ausgehend von Homers Ilias und abgefasst in Hexametern, den Weg des (angeblichen) römischen
Urahnen Aeneas von Troja nach Latium. Nach Titus Livius
stammten von diesem Aeneas Romulus und Remus und die späteren römischen Könige ab. Jüngere Analogien seien nur knapp
erwähnt: die Arminiussage samt Hermannsdenkmal, die Tell-
Sage oder die Erinnerung an die Schlacht auf dem Amselfeld.

In gewisser Weise sind auch die Samuelbücher ein National-
epos. Sie erzählen von der Gründung der Staaten Israel und Juda
und von den Gründergestalten Saul und David. Sie tun das in
sehr eigener Weise. Da ist nicht ein – womöglich vom Königshof
beauftragter – Schriftsteller, der, unter Nutzung bestimmter
Quellen und Informationen und mit klarer Zielsetzung, ein in
sich geschlossenes Werk schafft. Vielmehr sind die Samuelbücher
Traditionsliteratur, hervorgegangen aus unterschiedlichen Kreisen
und tradiert auf vielfältigen Wegen, zusammengesetzt aus höchst

verschiedenen Textarten, formuliert und redigiert von einer Vielzahl anonymer Autoren und Redaktoren – und doch verbunden durch bestimmte Themen und Figuren, durchdrungen von bestimmten religiösen und ethischen Überzeugungen, verschmolzen zu einer literarischen Einheit.

1. Textgenres

Lieder

Ganz überwiegend sind die Samuelbücher als Prosa abgefasst. Hier und da aber sind in sie poetische Stücke eingestreut. Die hebräische (und überhaupt die altorientalische) Poesie ist nicht durch Reime, auch nicht durch fixe Rhythmen gekennzeichnet, sondern durch eine gehobene, gewählte Sprache und vor allem durch den sogenannten *Parallelismus membrorum*, einen «Gedankenreim», in dem immer zwei Zeilen (*stichoi*, Stichen) aufeinander bezogen sind: sei es zur Verdoppelung einer Aussage, sei es zur Ergänzung einer Aussage durch eine andere, sei es zur Gegenüberstellung zweier gegeneinanderstehender Aussagen. Ein Beispiel: «Saul und Jonatan – geliebt und liebenswert, solange sie lebten, / auch in ihrem Sterben nicht getrennt. // Schneller waren sie als Adler / stärker waren sie als Löwen» (2Sam 1,23).

Dieses Zitat stammt aus einem Totenklagelied Davids auf Saul und Jonatan nach deren Tod im Kampf gegen die Philister (2Sam 1,19–27). Einleitend wird ausdrücklich die Quelle genannt, aus der das Lied zitiert ist: das «Buch des Aufrechten» (2Sam 1,18), eine auch in Jos 10,12f und 1Kön 8,12f (nach der griechischen Fassung) erwähnte Sammlung von Liedern, offenbar aus der Frühzeit Israels. Das kunstvoll gestaltete Lied weist den (mutmasslichen) Verfasser David als einen Poeten hohen Grads aus. Der Text ist durch einen Refrain in zwei Strophen unterteilt, deren kürzere zweite sehr berührend das enge Verhältnis Davids zu Jonatan besingt: «Ganz eng ist mir um deinetwillen, mein Bruder Jonatan. Du warst mir sehr teuer! Wunderbarer war mir deine Liebe als Frauenliebe» (2Sam 1,26, eigene Übersetzung).

Eine zweite Dichtung, die auf David zurückgehen soll, ist in 2Sam 3,33f erhalten; es ist erneut ein Klagelied, diesmal auf den ermordeten General Sauls, Abner: «Musste Abner sterben, wie ein Tor stirbt? Deine Hände waren nicht gefesselt, und deine Füsse hatten die Ketten nicht berührt. Wie man durch Schandtäter fällt, so bist du gefallen.»

Ein kleines Volks- (oder, wie es heisst: Frauen-)Lied wird gleich dreimal zitiert: «Saul hat seine Tausende erschlagen und David seine Zehntausende» (1Sam 18,7; 21,12; 29,5). Hier werden zwei grosse Kriegshelden gerühmt, von denen freilich der eine deutlich grösser ist als der andere.

Drei ganz andersartige Lieder wurden erst spät in die Samuelbücher eingestellt und bilden in ihnen jetzt eine Art poetischen Rahmen:

- das Hannalied 1Sam 2,1–10, ein Hymnus auf den allmächtigen Gott, der die Geschicke der Menschen lenkt, der Menschen von unten nach oben bringen kann und der des «Königs Horn erhöht» (d. h. ihm Macht gibt);
- das Psalmlied 2Sam 22,2–51, der Siegesgesang eines Königs, der aus dem Psalter (vgl. Ps 18) mit nur minimalen Änderungen hierher übernommen worden ist; vielleicht erstmals

wurde hier ein Psalm «davidisiert» – wie später fast der gesamte Psalter;

– die sogenannten «Letzten Worte Davids» 2Sam 23,1–7, in denen der König die Grosszügigkeit Jhwhs ihm gegenüber, seine eigene vorbildliche Herrschaftsausübung sowie die Chancenlosigkeit seiner Gegner besingt.

Listen

In den Samuelbüchern finden sich mehrere Listen: schlichte Aufzählungen von Gütern, Orten oder Personen.

– In der Geschichte von David und Abigajil ist festgehalten, welche Gaben die Frau des Herdenbesitzers dem Milizenführer ausgehändigt haben soll: Hunderte von Broten, Rosinen- und Feigenkuchen, dazu einige zubereitete Schafe und Schläuche voll Wein (1Sam 25,18).

– Nach einem Sieg über räuberische amalekitische Nomaden verteilt David die dabei gemachte Beute (oder Teile daraus) an die Ältesten einer Reihe judäischer Ortschaften (1Sam 30,27–30); viele der aufgelisteten Ortsnamen kommen sonst nirgendwo in der Bibel vor.

– Es gibt zwei zeitlich aneinander anschliessende Listen von Söhnen Davids (2Sam 3,2–5; 5,13–15) und zwei weitgehend identische Listen davidischer Spitzenbeamter (2Sam 8,16– 18; 20,23–26).

– 2Sam 23,24–39 bietet die Liste der «Dreissig»: Elitekrieger Davids bzw. Offiziere seiner Armee. Interessanterweise sind aber 37 Namen aufgezählt; wahrscheinlich waren einzelne Mitglieder der Truppe gefallen und wurde die Liste nachgeführt.

Sehr wahrscheinlich spiegeln sich in diesen trockenen Auflistungen historische Fakten.

Summarien

Von König Saul gibt es eine summarische Zusammenfassung seiner Herrschaftsausübung, die formal der Listenform noch recht nahesteht: «Und Saul hatte das Königtum über Israel errungen. Und er führte Krieg gegen alle seine Feinde ringsum: gegen Moab und gegen die Ammoniter und gegen Edom und gegen den König von Zoba und gegen die Philister. Und wohin er sich wandte, erfuhr er Hilfe [so der verbesserte Text; jetzt steht da etwas von «Bösem», das Saul getan haben soll]. Und er schuf eine Armee. Und er schlug Amalek und rettete Israel aus der Hand seiner Plünderer. Und die Söhne Sauls waren Jonatan und Jischwi und Malki-Schua. Und der Name seiner beiden Töchter war: der Name der Erstgeborenen Merab und der Name der Jüngeren Michal. Und der Name der Frau Sauls war Ahinoam, Tochter des Ahimaaz, und der Name seines Heerführers Abner, Sohn des Ner, des Onkels Sauls. Und Kisch war der Vater Sauls, und Ner, der Vater Abners, war der Sohn Abiëls. Und der Krieg war heftig gegen die Philister alle Tage Sauls, und wo immer Saul einen starken Mann und einen Kriegstüchtigen sah, zog er ihn an sich» (1Sam 14,47–52, eigene Übersetzung).

Ein Summarium der Kriege Davids liegt in 2Sam 8,1–14 vor. Da werden der Reihe nach die Nachbarvölker aufgezählt, die David besiegt haben soll: Philister, Moabiter, Aramäer (bzw. einzelne ihrer Fürstentümer – andere suchten mit David den friedlichen Ausgleich, manche kommen gar nicht vor), Edomiter, dazu noch Ammoniter und Amalekiter. Zuweilen bleibt es nicht bei der blossen Aufzählung, sondern werden bestimmte Vorgänge mitgeteilt, etwa: «Und David nahm die goldenen Köcher, die die Diener Hadadesers [eines Aramäerkönigs] bei sich hatten, und brachte sie nach Jerusalem. Und aus Betach und Berotai, den Städten Hadadesers, nahm König David Bronze in grosser Menge» (2Sam 8,7f).

Anekdoten(-reihen)

Eine Kleinform erzählerischer Prosa ist die Anekdote, in der ein bestimmtes, denkwürdiges Ereignis in knapper Form und oft mit einer gezielten Pointe mitgeteilt wird. Auch hiervon ein paar Beispiele:

– Von Saul wird berichtet, er habe David mit dem Spiess an die Wand zu nageln versucht, doch dieser sei ausgewichen (1Sam 18,11f; wiederholt in 1Sam 19,9f).

– David, so wird erzählt, wurde bei dem Versuch, inkognito in der Philisterstadt Gat unterzuschlüpfen, von den Wachen erkannt, zog aber den Kopf aus der Schlinge, indem er sich wahnsinnig stellte (1Sam 21,11–16).

– Einmal soll Saul seinem Ziel, den flüchtigen David zu fassen, ganz nahe gekommen sein: Beide bewegten sich mit ihren Leuten auf zwei Seiten eines Berges aufeinander zu. Durch einen glücklichen Zufall konnte David entkommen. «Daher nennt man diesen Ort ‹Fels der Trennung›» (1Sam 23,28).

– Die Truppen Davids und Eschbaals, des Nachfolgers Sauls, trafen bei der Stadt Gibeon aufeinander. Zur Vermeidung einer grossen Schlacht einigte man sich auf einen Stellvertreterkampf: zwölf Benjaminiter gegen zwölf Judäer. Das Ergebnis: unentschieden – alle 24 Kämpfer waren tot (2Sam 2,14–16).

– In 2Sam 21,15–21 und 23,8–23 sind mehrere Episoden zusammengestellt, in denen Elitekrieger Davids gefährliche Kämpfe gegen die Philister oder einzelne, besonders furchteinflössende Philisterkrieger bestehen.

Die Grenzen zwischen dieser extrem knappen Erzählform zur nächsten Kategorie, der ausgeführten Einzelerzählung, sind fliessend.

Einzelerzählungen

Von ihnen sind die Samuelbücher randvoll. Beispiele zu bringen, erübrigt sich. Erzählungen sind dadurch gekennzeichnet, dass sie erkennbar einen Anfang und einen Schluss haben, also in sich gerundet sind. Sehr oft benennen sie bald nach Beginn ein Problem, das am Ende gelöst ist. Sie können (und werden oft) einzeln mündlich überliefert worden sein, ehe sie in einen grösseren schriftlichen Zusammenhang gelangten. Die Trägerkreise waren sehr verschiedene: Soldaten («am Lagerfeuer», etwa 1Sam 24), priesterliche Kreise (etwa 2Sam 6), Menschen einer bestimmten Stadt oder Region (etwa 1Sam 11), einzelne Sippen oder Gruppen u. a. m. Es gibt auch Erzählungen, die erkennbar konstruiert und offenbar am Schreibtisch ersonnen sind. Andere sind so knapp, ja rudimentär gehalten, dass man sich vorstellen kann, sie hätten nur als «Gerüst» für ausführlichere Darstellungen gedient.

Es gibt sehr unterschiedliche Erzählungen: einfache und volkstümliche, kunstvolle und artifizielle, derbe oder hintersinnige, ernste oder witzige, trockene oder phantastische. Im alten Israel wurde offenbar gern und viel erzählt, und die Samuelbücher sind ein Spiegel hebräischer Erzählfreude und Erzählkunst.

So wie es Anekdotenreihen gibt, so gibt es auch Reihen zusammengehöriger Erzählungen: Manche stehen noch integral nebeneinander, etwa in der sogenannten Ladegeschichte in 1Sam 4–6 (zu der noch, jetzt abgetrennt, 2Sam 6 gehört) oder die Geschichten vom Ringen zwischen Eschbaal und David um die Herrschaft über Israel in 2Sam 2–4. Zwei Erzählkränze sind weit über die Samuelbücher verstreut: *der eine* über «Aufstieg und Niedergang der Sauliden», beginnend in 1Sam 9 (Sauls Aufstieg) und über 1Sam 28 und 31 (Sauls Ende) bis 2Sam 20 (Aufstand des Benjaminiters Scheba) reichend; *der andere* über den «Freibeuter David», der seinen wundersamen Aufstieg beschreibt: von seinen Anfängen als Musiktherapeut und Goliatbezwinger (1Sam 16,14–23; 17) über seine Vertreibung durch König Saul (1Sam 19), sein unstetes Dasein als Bandenführer (1Sam 22–25) und seinen Lehnsdienst für die Philister (1Sam 27) bis zu seiner Inthronisation als König zuerst über Juda und dann über Israel (2Sam 2; 5).

Novellen

In Novellen fügen sich zwar, wie in den Erzählkränzen, mehrere Einzelerzählungen zusammen, doch sind sie viel stärker literarisch durchgestaltet: mit übergreifendem Spannungsbogen, textlichen Bindegliedern und deutenden Kommentaren sowie erkennbarer Zielsetzung. Hierfür seien drei Beispiele benannt:

1. die Samuel-Saul-Geschichte, anhebend mit der Geburt Samuels, in der bereits dauernd der Name «Saul» umspielt wird (1Sam 1), zielend auf Samuels Mitwirkung an der

Königserhebung Sauls (1 Sam 10,17–27; 11) und endend mit
dem Summarium von Sauls Herrschaft (1 Sam 14,47–52);

2. die Erzählung darüber, «wie Salomo zur Welt und auf den
Thron kam», die den Grundbestand von 2 Sam 11–12 und
1 Kön 1–2 bildete und eine David wie Salomo gegenüber sehr
kritische Einstellung zeigt;

3. die Geschichte des Absalom-Aufstands in 2 Sam 13–19, mit
dem Bürgerkrieg zwischen Anhängern Absaloms und Davids
als Zentrum (2 Sam 15–18), eingeleitet mit Skandalgeschich-
ten aus dem Königshaus (2 Sam 13–14).

Erzählwerk

Hier gibt es nur *eines*, das die gesamten Samuelbücher (und noch
den Anfang des 1. Königsbuchs) im Grundbestand übergreift,
mithin von Samuel über Saul und David bis Salomo reicht. Ich
nenne es, da es offensichtlich in der Nähe des Königshofes (aber
kaum in dessen Auftrag!) entstanden, ist, das «Höfische Erzählwerk über die ersten Könige Israels». Sein Verfasser ist nicht
bekannt und heisst darum behelfsmässig «Höfischer Erzähler».
Von seinem Wirken wird im Folgenden noch die Rede sein.

2. Sprachliche Kunstmittel

Obwohl in sich äusserst vielfältig, sind die Samuelbücher doch
ein (halbwegs) geschlossenes Ganzes. Was lässt die zahllosen,
unterschiedlich gefärbten Steinchen zu einem Mosaikbild werden?

Erzählfolgen werden oft durch Leitmotive zusammengebunden. So scheint Saul mit seinem «Speer» wie verwachsen. Er hat ihn von früh an bei sich (1Sam 13,22), stützt sich auf ihn (1Sam 22,6), schläft mit ihm (1Sam 26,7), richtet ihn gegen (vermeintliche) Widersacher (1Sam 18,11; 19,10; 20,33), verliert ihn aus dem Griff (1Sam 26,11.12.16) und stirbt schliesslich mit ihm in der Hand (2Sam 1,6).

David ist ein Mann, «mit dem Gott ist»; immer und immer wieder, fast formelhaft, wird dies versichert (1Sam 16,18; 17,37; 18,14.28; 2Sam 8,6.14; 14,17; 1Kön 1,37). So stösst ihm auch in gefährlichsten Situationen nichts zu; ein ums andere Mal «geht er davon und entrinnt», «flieht und rettet sich», wie eine andere formelhafte Wendung lautet (1Sam 19,10.12.18; 20,1; 21,11; 22,1; 23,13.26; 27,1).

Auch einzelne Erzählungen werden durch bestimmte Leitwörter geprägt: etwa die Geschichte vom Verlust der heiligen Lade in 1Sam 4 durch die siebenfache Verwendung der hebräischen Wurzel für «sterben, töten, Tod»; die Erzählung vom Königsbegehren in 1Sam 8 durch dreizehnfachen Gebrauch der Wurzel für «König (sein), zum König machen»; die Erzählung darüber, wie Saul Eselinnen suchte und das Königtum fand in 1Sam 9,1 – 10,16, durch zwölf Formen des Verbs «finden»; die Geschichte von David als Ehebrecher und Mörder in 2Sam 11 durch elfmalige Wiederkehr des Verbs «senden» (der König hat eben die Macht dazu).

Verdoppelungen

Manchmal stehen mehrere Erzählungen nebeneinander, die den gleichen Vorgang auf verschiedene Weisen schildern. Ein Beispiel ist der Beginn der Karriere Sauls: entweder aufgrund der Salbung durch Samuel (1Sam 9,1 – 10,16) oder infolge einer Loswahl (1Sam 10,17–27) oder infolge eines Siegs über die Ammoniter (1Sam 11). Ein weiteres Beispiel ist der Beginn der Karriere Davids: entweder, nachdem Samuel ihn gesalbt hat (1Sam 16,1–13) oder weil er Musiktherapeut des schwermütigen Saul wird (1Sam 16,14–23) oder indem er den riesenhaften Philister Goliat besiegt (1Sam 17). Noch zwei weitere Beispiele: die (Beinahe-) Heirat Davids mit einer Tochter Sauls – zuerst mit der Älteren, Merab (1Sam 18,17–19), dann mit der Jüngeren, Michal (1Sam 18,20–28); oder die Verschonung Sauls durch David, wobei der Jäger zum Gejagten wird – einmal, indem Saul sich in einer Höhle erleichtern will, in der David sich verborgen hält (1Sam 24), das andere Mal, indem David sich ins Feldlager Sauls schleicht (1Sam 26).

Die Verfasser der Samuelbücher sahen in derlei Parallelerzählungen offenbar keine unschönen Dubletten oder störenden Widersprüche, sondern empfanden dies als ästhetisch schön und sachlich weiterführend.

Chiasmen

Immer wieder bedienen sich die Samuelerzähler und -redaktoren des Stilmittels des Chiasmus, d. h., eine Erzählung steigt (oder mehrere Erzählungen steigen) über mehrere Handlungsstufen hinweg zu einem Höhe- und Wendepunkt auf und von diesem in umgekehrten Schritten wieder ab, um am Ende zu einer Aussage zu gelangen, in der sich der Anfang spiegelt. Der Begriff «Chiasmus» rührt von dem griechischen Buchstaben Chi her, der sich wie X schreibt und von dem man auch nur an die linke Hälfte zu denken hätte, also etwa an 〉. Auch hierbei mag ästhetisches Empfinden massgebend gewesen sein, vielleicht aber auch das Streben nach besserer Einprägsamkeit des Erzählstoffs. Hier zwei herausragende Beispiele: die Erzählungen von der Findung Sauls in 1Sam 9,1 – 10,16 und von der Vergewaltigung Tamars in 2Sam 13,1–22:

A Aussendung Sauls durch den Vater und Wanderung zur Stadt Samuels (9,1–4)

   B Diskussion vor der Stadt über den Abbruch des Unternehmens (9,5–10)

      C Weg in die Stadt, Treffen mit Samuel, Aufstieg zur Kulthöhe (9,11–22)

         D Konvent auf der Kulthöhe (9,22–24)

      C' Abstieg von der Kulthöhe, Übernachtung bei Samuel, Weg aus der Stadt (9,25–27)

   B' Salbung vor der Stadt und Ankündigung von Zeichen (10,1–8)

A' Rückwanderung in die Heimat und Begegnung mit dem Onkel (10,9–16)

A Amnon liebt Absaloms Schwester Tamar (1f)

   B Jonadab berät Amnon (3–5)

      C David schickt Tamar zu Amnon, und sie gehorcht (6–9a)

         D Amnon schickt seine Diener weg (9b)

            E Amnon fordert Tamar zum Beischlaf auf, sie widerspricht (10–14a)

               F Amnon vergewaltigt Tamar – und hasst sie (14b.15a)

            E' Amnon will Tamar wegschicken, sie widerspricht (15b.16)

         D' Amnon ruft seinen Diener (17)

      C' Tamar wird hinausgeworfen und beklagt öffentlich ihr Leid (18f)

   B' Absalom ‹berät› Tamar (20)

A' Absalom hasst Amnon wegen seiner Tat an Tamar (22)

Es gibt auch chiastische Anordnungen über mehrere Kapitel hinweg, z. B. ist die Ladegeschichte so aufgebaut:

A Die Lade gerät von ihrem Ort in Schilo nach Philistäa (1Sam 4)

   B Die Lade kämpft sich durch Philistäa auf israelitisches Gebiet zurück (1Sam 5–6)

A' Die Lade gelangt an ihren Ort in Jerusalem (2Sam 6)

Als David von Absalom aus Jerusalem verdrängt wird und später siegreich zurückkehrt, begegnet er unterwegs jeweils denselben beiden Personen aus dem Umfeld Sauls, aber in chiastischer Abfolge:

A   David trifft Meribaals Knecht Ziba (2Sam 16,1–4)

    B   David trifft Schimi ben Gera (2Sam 16,5–13)

    B'   David trifft Schimi ben Gera (2Sam 19,17–24)

A'   David trifft Meribaal (2Sam 19,25–31)

Im sogenannten Anhang zu den Samuelbüchern wechseln sich die Textformen chiastisch ab:

A   Ausgeführte Einzelerzählung (2Sam 21,1–14)

    B   Anekdotenreihe (2Sam 21,15–22)

        C   Dichtung (2Sam 22)

        C'   Dichtung (2Sam 23,1–7)

    B'   Anekdotenreihe und Liste (2Sam 23,8–38)

A'   Ausgeführte Einzelerzählung (2Sam 24)

Charakterzeichnung

Die Samuelerzähler bieten eine Fülle kunstvoller Personenporträts, und zwar sowohl innerhalb einzelner Erzählungen als auch über längere Erzählfolgen hinweg. Dabei fällt auf, dass Figuren kaum nur schwarz oder nur weiss gezeichnet werden, sondern immer mit Licht und mit Schatten. Was für ein Charakter ist Eli (in 1Sam 1–4): ein würdevoller und achtbarer Geistlicher – oder ein alter, schwacher Mann mit begrenztem Horizont und geringem Durchsetzungsvermögen? Oder Saul (in 1Sam 9 – 31): Ist er ein für das Königsamt bestens geeigneter Mann, nur mit vielen Feinden und kleinen persönlichen Schwächen, der tragisch scheitert – oder ein Zauderer und Versager zu Beginn und zum Schluss ein unberechenbarer Gewalttäter, von dem befreit zu werden Israel nur froh sein kann? Oder Sauls Tochter Michal (1Sam 18,20–27;

19,11–17; 25,44; 2Sam 3,13–16; 6,16.20–23): Ist sie eine liebende Frau, deren erster Mann ihr genommen und die dem zweiten entrissen wurde und gleichwohl ihre Selbstachtung wahrte – oder eine hochmütige und zanksüchtige Prinzessin? Oder Sauls General Abner (in 2Sam 2–3): Ist er ein hochherziger Mann und weitblickender Politiker – oder ein kalt berechnender Machtmensch und Intrigant? Oder Batseba (in 2Sam 11–12 und 1Kön 1–2): Ist sie eine ohne ihr Zutun aus der Bahn geworfene Frau, die sich, nachdem der König sich ihrer bemächtigt hat, am Königshof halbwegs zurechtfindet – oder eine listige Verführerin, geschickte Erpresserin und schlau kalkulierende Machtpolitikerin? Die Erzähler legen all das nicht fest; die Lesenden sind aufgefordert, sich selbst ihre Bilder und Gedanken zu machen.

Dialogführung

Eine weitere Kunst, die die Samuelerzähler perfekt beherrschen, ist die Verwendung und Gestaltung der Figurenrede. Vereinzelt gibt es Erzählungen, die fast nur aus Erzählerrede bestehen, die also über Ereignisse berichten, ohne Personen zu Wort kommen zu lassen. Umgekehrt gibt es Erzählungen, die fast nur aus Figurenrede bestehen; hier wird man sozusagen zum Ohrenzeugen, zur Ohrenzeugin des Geschehens. Der Wechsel zwischen Erzähler- und Figurenrede erfolgt sehr bewusst. In Erzählerrede können ausgedehnte Handlungen – etwa weite Märsche oder länger dauernde Kämpfe – in wenigen Worten abgehandelt und grosse Zeitspannen im Nu übersprungen werden. Sobald aber eine Erzählfigur das Wort ergreift oder sich ein Dialog zwischen zweien entspinnt, hat das retardierende Wirkung; die Handlung verlangsamt sich, erzählte Zeit und Erzähl- (bzw. Lese-)Zeit werden faktisch deckungsgleich.

Als Exempel seien zwei Dialoge näher beleuchtet. Im einen geht es um die Entscheidung der Philister, David nicht mit in den Kampf gegen Israel ziehen zu lassen (1Sam 29,6–11). Sein Lehnsherr Achisch muss ihm das erklären. Standesgemäss hat er das erste und das letzte Wort. Er beginnt mit einem vollmundigen Lob für Davids Tüchtigkeit, teilt dann aber mit, die anderen Stadtfürsten hätten Vorbehalte gegen ihn – er möge also bitte umkehren. Darauf David empört: Was er sich denn habe zuschulden kommen lassen, dass er nicht mitgehen dürfe «zu kämpfen gegen die Feinde meines Herrn, des Königs»? Die Lesenden wissen, dass er Achisch in der Vergangenheit nach Strich und Faden betrogen hat; seine Unschuldsbeteuerung ist also reine Heuchelei. Achisch merkt nichts. Ihm scheint die Sache peinlich. Er rühmt David noch einmal, jetzt sogar als einen «Boten [bzw. Engel] Gottes»; doch leider beharrten die Kollegen auf seinem Rückzug. So solle er sich doch bitte am nächsten Morgen, gleich nach Sonnenaufgang, auf den Weg machen – was David schliesslich tut. Man schaut den beiden Männern nicht ins Herz: Äussert sich Achisch wirklich ehrlich oder nur diplomatisch? Und ist David nicht heilfroh, dass ihm die Teilnahme an einem Kampf zwischen zwei «Königen» erspart bleibt, die beide seine «Herren» sind?

Das andere Beispiel ist der Dialog zwischen König David und einer «weisen» Frau aus dem Dorf Tekoa über eine Rechtsangelegenheit (2Sam 14,4–11). Sie erzählt ihm, sie sei eine Witwe und habe zwei Söhne, doch von diesen habe einer den anderen erschlagen; nun fordere die Sippe, dass an dem Täter die Blutrache vollzogen werde, was sie auch noch des zweiten Sohns berauben würde. Das ist eine komplizierte Rechtslage (Sippen-recht versus Individual- bzw. Sozialrecht). David weicht aus: Die Frau möge nach Hause gehen, er werde sich um die Sache küm-mern. Ihr ist das zu vage, und sie sagt etwas von «Schuld», die auf ihr liegen und von der der König frei sein solle. Darauf er: Gut, er werde nicht zulassen, dass ihr künftig noch jemand nahetrete. Sie ist noch immer nicht zufrieden; sie will Schutz ja nicht für sich, sondern für ihren Sohn. Also bittet sie den König, bei Jнwн zu schwören, dass der Bluträcher nicht tätig werden dürfe. Dar-auf endlich hört sie, was sie hören wollte: Bei Jнwн, kein Haar ihres Sohns soll zu Boden fallen! Hier ringt eine Person ohne jede Macht in drei Anläufen dem König einen Entscheid ab, den er eigentlich nicht fällen wollte. Man kann den Mut, die Zielstre-bigkeit und die geschliffene Rhetorik dieser Frau nur bewundern.

3. Ambivalenz

Undurchsichtige Charaktere

Die Samuelbücher erzählen Geschichten von vergangenen Ereig-nissen, sie erzählen Geschichte. Man sollte meinen, man wisse, wenn man sie gelesen hat, Bescheid: über die Epoche der Staats-gründung in Israel und über die wichtigsten Personen und Vor-gänge dieser Zeit. Das ist in gewisser Weise wirklich der Fall – aber nicht vollständig. Eines der herausragendsten Merkmale der Geschichtserzählung der Samuelbücher ist ihre streckenweise *Uneindeutigkeit.* Eben wurde schon gesagt, dass die einzelnen Charaktere meist nicht eindeutig gut oder eindeutig böse sind, sondern das eine *und* das andere. Manchmal sagen sie Dinge, die nicht der Wahrheit entsprechen, die aber zum Aufdecken der Wahrheit führen (z. B. der Prophet Natan gegenüber dem zum Verbrecher gewordenen David in 2Sam 12,1–7). Heiligt hier der Zweck die Mittel? Durfte Michal lügen, um sich vor ihrem rasenden Vater zu retten (1Sam 19,17)? Durfte David seinen philistäischen Lehnsherrn ein ums andere Mal hereinlegen und sich als Mittel zur Übertünchung der Lüge sogar des Genozids bedienen (1Sam 27,11f)? War Michal, als sie David für sein Verhalten bei der Ladeüberführung tadelte (2Sam 6,20), im Recht oder nicht? Hatte Batseba, als sie sich wusch, es darauf abgesehen, den königlichen Voyeur auf dem Dach zu verführen (2Sam 11,2)? Hatte Joab recht damit, dass David, statt den toten Absalom zu beklagen, lieber seine siegreichen Soldaten belobigen sollte (2Sam 19,6–8)? Diese und noch viele andere Figuren der Samuelbücher wie auch ihre Handlungen sind kaum eindeutig zu beurteilen. Leserinnen und Leser müssen selbst überlegen, wie sie über sie denken.

Widersprüchliche Darstellungen

Die Verfasser der Samuelbücher nehmen es in Kauf, ja, sie scheinen es geradezu zu lieben, die Leserschaft durch nicht leicht miteinander in Einklang zu bringende Informationen zu irritieren.

In 1Sam 16,21 macht Saul David zu seinem Waffenträger. In 1Sam 17,55 fragt er Abner, wessen Sohn der junge Bursche sei, der eben Goliat besiegt hat. Kennt er seinen eigenen Waffenträger nicht?

David hat Goliat besiegt, natürlich (1Sam 17). Natürlich? Der Mann war eigentlich nicht zu besiegen, schon gar nicht mit den unzulänglichen Mitteln, die David verwendet. Wie soll man dann verstehen, dass laut 2Sam 21,19 ein gewisser Elchanan aus Betlehem Goliat aus Gat besiegt hat?

Von Sauls Ende gibt es nicht nur eine, sondern zwei Darstellungen. Die eine ist ein Erzählerbericht, wonach der König sich, nachdem er schwer verwundet war und sein Waffenträger (nicht David!) sich weigerte, ihm den Gnadenstoss zu geben, in sein eigenes Schwert stürzte (1Sam 31,3–5). Dem gegenüber steht der Bericht eines Manns, der Sauls Königsinsignien zu David bringt (und dadurch beglaubigt ist); er erzählt, er habe Saul, der im tiefsten Schlachtgetümmel und schon verwundet keine Chance mehr auf Überleben sah, auf sein Bitten hin den Todesstoss versetzt (2Sam 1,6–10). Welche der beiden Versionen ist richtig? Schliessen sie sich überhaupt gegenseitig aus? Die Erzähler belassen über dem Vorgang einen Schleier der Uneindeutigkeit.

Undurchdringliche Einzelaussagen

Uneindeutig bleiben nicht nur historische Vorgänge, sondern einzelne Sätze. Der junge David kam zu Saul als Musiktherapeut. «Und er liebte ihn sehr», heisst es in 1Sam 16,21. Wer liebte wen? Das wird auch von der Fortsetzung her nicht klar: «Und er wurde sein Waffenträger». Hier ist zwar deutlich, wer «sein» und wer der «Waffenträger» ist; doch könnte Saul David zum Waffenträger gemacht haben, weil er ihn liebte *oder* weil er seine Liebe spürte.

Manchmal liegt es auch an bestimmten hebräischen Präpositionen. Eine von ihnen kann «hin zu», aber auch «gegen» bedeuten. Als Absalom seinen Bruder Amnon ermordet hat und daraufhin ins Exil geflohen ist und drei Jahre ins Land gegangen sind, da «erkannte Joab, der Sohn der Zeruja, dass das Herz des Königs auf Absalom *zu* – oder: *gegen* – Absalom geneigt war» (2Sam 14,1, eigene Übersetzung). Joab sorgt dann dafür, dass Absalom nach Jerusalem zurückkehren kann – doch das bedeutet noch nicht die Versöhnung; David hält seinen gewalttätigen Sohn demonstrativ von sich fern. War also sein Herz Absalom *zugeneigt* oder *abgeneigt* – oder vielleicht beides in einem?

Ambivalenzerfahrungen

Von jemandem oder von etwas halb angezogen, halb abgestossen zu sein: das nennt man eine ambivalente Empfindung. Solche haben auch Leserinnen und Leser der Samuelbücher immer wieder. Wenn Elkana seine ob ihrer Kinderlosigkeit betrübte Frau Hanna fragt: «Bin ich dir nicht wichtiger als zehn Söhne?» (1Sam 1,8), dann könnte man das einfühlsam finden – oder gerade *nicht* einfühlsam. Wie soll man es begreifen, dass Gott *zuerst* sagt, einen König zu wollen, bedeute, ihn, Gott, zu verwerfen (1Sam 8,7f) und gleich *danach* Samuel anweist, diesem Wunsch Israels nachzukommen (1Sam 8,9)? Wie kann Gott Saul *zuerst* erwählen und *dann* verwerfen? Hat er ihm gegenüber ambivalente Gefühle, sollen auch wir sie haben?

Weiter zu David: Wenn die Judäer, nachdem er sich mit seiner vielhundertköpfigen Miliz samt Frauen und Kindern in Hebron niedergelassen hat, dorthin kommen und ihn zum König salben: Tun sie das aus freien Stücken – oder weil Widerstand zwecklos wäre? Wenn eine Trauerdelegation, die David aus Anlass des Tods eines Königs in ein Nachbarland geschickt hat, dort der Spionage verdächtigt wird (2Sam 10,2f) – ist das mit Sicherheit unzutreffend? Wenn David Batseba nach dem Tod des ersten gemeinsamen Kinds «tröstet» (gemeint ist: durch Sex, 2Sam 12,24), dann könnte er nur *meinen,* ihm sei das gelungen – oder es könnte ihm tatsächlich gelungen sein.

Das sind fast wahllos herausgegriffene Beispiele. Vieles in den Samuelbüchern ist nicht eindeutig, ja, man möchte geradezu fragen, was denn völlig eindeutig ist. Diese Eigenart ist keine Schwäche, sondern eine Stärke, die nicht hoch genug geschätzt werden kann. Eindeutige Dinge, einlinige Menschen regen nicht zum Nachfragen und Nachdenken an. Fragen, deren Antworten schon feststehen, Gedanken, die schon zu Ende gedacht sind, erzeugen Langeweile. Die Samuelbücher aber sind nirgendwo langweilig, sondern spannend von Anfang bis Ende.

Die Entstehung der Samuelbücher

Der Entstehungszeitraum

Die Samuelbücher sind nicht zu einem bestimmten Zeitpunkt in einem Zug entstanden, sondern über eine geraume Zeitspanne hinweg. Die frühe Königszeit Israels fällt ins 10. Jahrhundert v. u. Z. Es ist gut möglich, sogar wahrscheinlich, dass sich ein erster Grundstock an Überlieferungen um Samuel, Saul und David schon damals herausgebildet hat. Die spätesten Texte der Samuelbücher datieren aus dem 4. oder gar 3. Jahrhundert, womit sich ein Entstehungszeitraum von ca. 700 Jahren ergibt.

Vermutlich war der Überlieferungsbildungsprozess während dieser gesamten Zeit in Gang. Gewiss wurden immer irgendwo Geschichten über die ersten Könige erzählt. Schon früh mögen solche Geschichten aufgeschrieben, zusammengestellt und redigiert worden sein. Von Anfang an gab es am Jerusalemer Königshof ein Archiv und amtliche «Schreiber» (vgl. 2Sam 8,17; 20,25; 1Kön 4,3). Schreiber benötigten eine intensive Ausbildung und dafür auch Übungs- und Schulungstexte: Warum nicht Geschichten historischen Inhalts? Auch werden am benachbarten Tempel *homines literati* (d. h. des Lesens und Schreibens Kundige) gewirkt haben. Die Lese- und Schreibfähigkeit nahm im Lauf der Königszeit stetig und z. T. exponentiell zu. Im 8. Jahrhundert konnten, das beweisen aufgefundene Ostraka (beschriftete Tonscherben), nicht nur höhere, sondern auch niedere Offiziere schreiben.

Nicht lange nach dem Ende der Exilszeit, d.h. ab dem 5. oder 4. Jahrhundert, waren so gut wie alle Juden (und vermutlich auch viele Jüdinnen) in der Lage, Texte zu lesen, wohl auch zu schreiben. Das heisst, die Zahl der Menschen, die sich an der Rezeption und der Weitergabe schriftlich fixierter geschichtlicher Stoffe beteiligten konnten, wuchs immerzu.

Gegenläufig zu diesem Ausweitungs- scheint es auch einen Konzentrationsprozess gegeben zu haben. Schon rund zwei Jahrhunderte nach der frühen Königszeit hatte sich offenbar ein gewisser Fundus von Überlieferungen über diese herausgebildet. Von da an lag die Traditionsbildung vorwiegend in den Händen von bedeutenden Schriftstellern und mit Autorität ausgestatteten Redaktoren. Das anfangs anarchische Überlieferungsgeschehen wandelte sich zu einem kanalisierten Redaktions- und dieser schliesslich zu einem strengen Abschreibprozess.

Ein wenig vereinfachend lässt sich der lange Entstehungsweg der Samuelbücher in vier Etappen einteilen.

1.   Frühe Überlieferungsbildung

Die erste Phase des Werdens der Samuelbücher kann ungefähr in der Zeit vom 10. bis zum 8. Jahrhundert angesetzt werden. In dieser Zeit war die Überlieferung noch sehr im Fluss, wurden Erinnerungen an oder Meinungen über die frühe Königszeit in den unterschiedlichsten Formen sowohl mündlich wie zunehmend auch schriftlich tradiert. Im vorangehenden Kapitel wurde eine Reihe von «Textgattungen» vorgestellt, die sich in den Samuelbüchern finden. Vor allem die kürzeren von ihnen – Listen, kleine Lieder, Anekdoten – *müssen* nicht, *können* aber bis ins 10. Jahrhundert zurückgehen. Für die Listen der Davidsöhne und der Spitzenbeamten Davids etwa (2Sam 3,2–5; 5,13–15; 8,16–18; 21,23–26) lässt sich das königliche Archiv als Entstehungs- und als Aufbewahrungsort denken. Das in 2Sam 1,18 erwähnte «(Lieder-)Buch des Aufrechten» mag bald nach der frühen Königszeit zusammengestellt worden sein. Die Anekdotenreihen in 2Sam 21,15–21 und 23,8–23 waren wohl in Armeekreisen zu Hause und dienten dazu, jungen Soldaten vorbildliches soldatisches Verhalten vor Augen zu stellen. Auch die eine oder andere grössere Einzelerzählung – je mehr in sich geschlossen, desto wahrscheinlicher – kann schon früh in Umlauf gekommen und dann so sehr geschätzt worden sein, dass niemand sie in einer Darstellung der frühen Königszeit missen wollte: etwa die von Sauls Sieg über die Ammoniter (1Sam 11) oder von seinem Tod auf dem Gebirge Gilboa (1Sam 31), die von Davids Streich gegen Saul in der Höhle von En-Gedi (1Sam 24 – ohne die langen Dialoge!) oder die von Tamars Vergewaltigung durch Amnon (2Sam 13,1–22). Das ist volkstümliches Erzählgut, noch nicht königsideologisch überformt.

Deutlich weiter weg von der erzählten Zeit, also dem 10. Jahrhundert, kommt man mit den umfangreicheren Erzählsammlungen und mit den ausgefeilten, sicher von Anfang an schriftlich gefassten Novellen (vgl. oben das Kapitel «Die Samuelbücher als Literatur»). Sie lassen sich kaum sicher datieren, teilweise aber in ein relatives zeitliches Verhältnis zueinander setzen. So dürfte z. B. die Novelle über die Geburt und die Machtergreifung Salomos (in 2Sam 11–12 + 1Kön 1–2 im Grundbestand) deutlich älter sein als die Ladegeschichte (in 1Sam 4–6 + 2Sam 6). Erstere ist überaus bissig gegen Könige, die später hoch geehrt wurden, und Letztere ist nicht nur in sich mehrstufig – 1Sam 4 ist klar älter als 1 Sam 5–6 –, sondern weist eine ausgeprägte Theologie auf, die offenbar darauf abzielt, der aus dem israelitischen Norden stammenden Exodustheologie ein judäisches Pendant gegenüberzustellen.

Dies sind nur wenige Beispiele aus einem äusserst lebendig vorzustellenden Traditionsprozess, aus dem zudem wohl nur ein Bruchteil der seinerzeit umlaufenden Überlieferungen den Weg in die entstehenden Samuelbücher gefunden hat.

2. Das Höfische Erzählwerk

Zeitgeschichtlicher Hintergrund

Den Anlass für eine erste grosse zusammenfassende Darstellung der frühen Königszeit boten traumatische Geschehnisse in der Geschichte Israels. Im Jahr 926 v. u. Z. hatten sich die unter David und Salomo in Personalunion verbundenen Königtümer Israel und Juda voneinander gelöst. Israel war der wesentlich stärkere Part, der den Süden alsbald ins Schlepptau nahm. Im Übrigen waren beide Staaten Teil des politischen Kräftespiels in der Levante, in dem die zahlreichen kleineren und grösseren Länder ihre Händel, bald mehr, bald weniger friedlich, untereinander ausmachten. Doch ab dem späten 9. Jahrhundert änderte sich die politische Grosswetterlage: Das neuassyrische Reich entwickelte von seinem Kernland am Tigris aus einen mächtigen Expansionsdrang. Es zwang immer weitere Länder in ein Vasallensystem, und bald schon gerieten auch das Aramäerreich von Damaskus und das südlich angrenzende Königreich Israel in seinen Fokus. Nach assyrischen Quellen anerkannte der israelitische König Jehu schon im Jahr 845 die assyrische Oberhoheit. Einer seiner Nachfolger, Menahem, entrichtete im Jahr 738 den Assyrern Tribut. Dann aber begann man sich zu wehren, doch im Jahr 732 eroberten die Assyrer Damaskus, besetzten einen Grossteil Israels und erhielten auch von Juda Tribut. 722 endete ein neuerlicher Versuch, das assyrische Joch abzuschütteln, mit der Eroberung der israelitischen Hauptstadt Samaria. Das viel kleinere Juda überlebte: zwar als Vasallenstaat Assurs, aber immerhin noch halbwegs intakt und eigenständig. Tausende, wenn nicht Zehntausende von Menschen flohen vom Norden in den Süden. Jerusalem erlebte einen enormen Bevölkerungszuwachs. Die Flüchtlinge brachten ihre Traditionen mit, etwa die vom Urahn Jakob oder von Mose und dem Exodus aus Ägypten oder von den Rettern Gideon und Jiftach oder von König Saul. Die alteingesessenen Judäer hatten sich mit beidem, den neu Zugewanderten und ihrem Gedankengut, auseinanderzusetzen.

Da nun ging ein grosser Schriftsteller daran, in einem umfassenden Erzählwerk die freundlich-feindlichen Anfänge der beiden Staaten und ihr Zusammenfinden in einer Personalunion darzustellen. Die Hauptprotagonisten des Werks waren die Gründerkönige Saul, David und Salomo. Saul, wie auch sein Mentor Samuel, waren Nordisraeliten, aus den Stämmen Benjamin und Efraim. David hingegen war ein Judäer, aus Betlehem, der aber die Herrschaft auch über Israel gewann und seine Hauptstadt zwischen beiden Reichsteilen, in Jerusalem, einrichtete. Salomos Mutter, Batseba, war eine gebürtige Jerusalemerin. Will sagen: In der frühen Königszeit fanden der Norden und der Süden, nach vielen Querelen und sogar Bürgerkriegen, zu einer – wenn auch fragilen – Einheit zusammen. Die Dominanz hatte beim bevölkerungs- und ressourcenreicheren Norden gelegen.

Dort bildete sich das Königtum zuerst heraus. Doch dieser Anfang war, aus vielerlei Gründen, zum Scheitern verurteilt. So fand der Norden schliesslich sein Heil im Zusammenschluss mit dem Süden – auch wenn er dessen Anführer, David, das Heft überlassen musste. Salomo war dann, zwischen These und Antithese, die Synthese.

Diese Grosserzählung über die Staatengründung im 10. Jahrhundert war eine indirekte Antwort auf die bedrängenden Fragen, die sich aus den Ereignissen des späten 8. Jahrhunderts ergaben: Wie konnte es sein, dass der mächtigere Norden unterging, während der schwächere Süden weiterexistierte? (Es war ja, um einen Vergleich zu wagen, als wenn die Bundesrepublik verschwunden und von der DDR beerbt worden wäre.) Hatte der Süden die nötige Solidarität mit dem Norden gezeigt – oder dessen Niedergang insgeheim begrüsst und gar mit betrieben? Sollte der Norden mit all seinen Errungenschaften und Erinnerungen einfach ausgelöscht sein – oder in einer gewandelten Form wenigstens geistig noch weiterexistieren? Liess sich eine übergreifende kulturelle Basis finden, auf der die Menschen aus Nord und Süd zusammenfinden und an einer gemeinsamen Zukunft bauen konnten?

Israelitischer Norden und judäischer Süden

Wenn das die grossen Fragen waren, die Ende des 8. und Anfang des 7. Jahrhunderts die Gemüter bewegten, dann erschliessen sich gewisse Züge in der Erzählung der Samuelbücher wie von selbst. Deren Handlung beginnt im Norden: zuerst mit dem Gottesmann Samuel, dann mit dem Staatsmann Saul; das ist eine Reverenz an den Primat des Nordens gegenüber dem Süden und an die hohe Bedeutung der Jhwh-Religion als begründender Weltanschauung des Nordens wie auch des Südens. Die Lade, die vom Norden über das Philisterland nach Jerusalem wandert, ist Ausdruck des einigenden Bands der Religion; der jubelnde und tanzende David, der dem Heiligtum aus dem Norden die Ehre und einen Platz in Jerusalem gibt und der sich ausgerechnet bei diesem Anlass mit der Prinzessin aus dem Norden überwirft (2Sam 6), symbolisiert den Respekt wie auch die Selbstachtung, die der Süden gegenüber dem Norden an den Tag legt. Saul schlägt sich tapfer gegen Feinde ringsum, namentlich gegen die Philister, die ihm aber am Ende zu stark sind. David ist ihnen gewachsen und findet einen *modus vivendi* mit ihnen – leicht kann man durch die Philister die Assyrer hindurchschimmern sehen. Anfänglich ist Saul gut Freund mit David, doch mehr und mehr plagt ihn Misstrauen, so dass er seinen besten Mann verstösst: Hat das Königreich Israel nicht das Königreich Juda immer wieder verachtet und unter Kuratel zu nehmen versucht, statt sich mit ihm zu einigen? David hat, entgegen den eigentlichen Stärkeverhältnissen, wiederholt Gelegenheit, Saul den Garaus zu machen – er tut es nicht, er wahrt ihm gegenüber Anstand und Respekt. Mit zunehmender Erfolglosigkeit verfällt der arme Saul (nicht: der böse Saul!) immer mehr in Wahnvorstellungen und Raserei, bis die Philister dem traurigen Schauspiel ein Ende bereiten. David erlebt das nur von fernher, im abseitigen und einigermassen sicheren Süden. Doch dann arbeitet er sich zielstrebig nach Norden hin vor, gewinnt Sympathien (selbst im nördlichen Königshaus), benimmt sich aber nie anbiedernd und nie usurpatorisch.

So jedenfalls die in den Samuelbüchern dargebotene Sicht, die m. E. transparent ist auf die Situation im Juda der Jahre (oder

Jahrzehnte) nach 722 v. u. Z. Freilich ist die politische nicht die einzige, nicht einmal die vorrangige Dimension des «Erzählwerks über die ersten Könige Israels». In erster Linie handelt es sich um Geschichtsbelletristik, um Historiografie im künstlerischen Gewand. Freilich ist dieses Werk nicht purer Phantasie entsprungen, sondern aus älteren und ältesten Quellen gearbeitet. Fiktion und Fakten mischen sich in einer höchst eigentümlichen Weise. Der Verfasser bemühte sich nicht um grösstmögliche Neutralität und Objektivität, sondern wollte die Leserschaft auch belehren und berühren und beglücken. Er tat das, indem er die ihm vorgegebenen Überlieferungen sorgsam aufnahm, sich tief in sie einfühlte, sie aber auch über sich hinausführte zu grösseren Zusammenhängen und zu tieferen Einsichten. Dieser Autor ist ein Anwalt des ihm Überkommenen *und* der Schöpfer von Neuem. Er ist Redaktor und Autor in einem. Da er anonym bleiben will und ganz hinter seinem Text zurücktritt, nenne ich ihn behelfsmässig den «Höfischen Erzähler».

Der Höfische Erzähler als Redaktor und Autor

Seine erste und vordringliche Aufgabe war es, das ihm zugängliche Quellenmaterial zu sammeln, zu sichten, auszuwählen und anzuordnen. Die Anordnung ist grundsätzlich chronologisch. Da nicht alle seine Quellen einen erkennbaren Zeitstempel tragen, musste er sie mitunter nach eigenem Ermessen einreihen. Wer sagt zum Beispiel, dass die drei Erzählungen über den Aufstieg Sauls (1Sam 9,1 – 10,16; 10,17–27; 11,1–15) die «richtige» Reihenfolge aufweisen (sofern an ihnen überhaupt Historisches ist)? Wer sagt, dass es sehr früh einen ersten, missglückten Versuch Davids gegeben hat, bei den Philistern anzuheuern (1Sam 21,11–

16), dem wesentlich später dann ein geglückter zweiter folgte (1Sam 27)? Wer sagt, dass David den ihn verfolgenden Saul zuerst in der Höhle von En-Gedi verschont hat und dann auf dem Hügel Chachila (1Sam 24 und 26)? Wer sagt, dass David sich tief im Süden mit den Amalekitern herumschlug gerade zu dem Zeitpunkt, an dem es im Norden zur finalen Schlacht zwischen Saul und den Philistern kam (1Sam 30–31)? Das alles sind freie, aber wohlüberlegte Setzungen des Höfischen Erzählers. Seine Zuordnungen verliehen den von ihm übernommenen Überlieferungen manchmal ganz neue Horizonte. Um die beiden letzten Beispiele noch einmal aufzugreifen: Die beiden Geschichten von der Verschonung Sauls bilden mit der dazwischengeschobenen Abigajil-Erzählung ein regelrechtes Lehrstück zum Thema «Gewalt und Gewaltverzicht» (1Sam 24–26). Und der Kampf gegen die Amalekiter tief im Negev ist der «Beweis» dafür, dass David bei Sauls Endkampf gegen die Philister nicht dabei war; *wäre* er es gewesen, hätte er als Vasall des Königs von Gat wohl auf der «falschen» Seite gestanden!

So verrät schon die pure Anordnung der Stoffe den klug urteilenden Historiker und geschickt agierenden Autor. Die volle Kraft seines Denkens und die hohe Kunst seiner Sprache entfaltet der Höfische Erzähler indes in den Stücken, die er den älteren Quellen selbst hinzufügt oder in sie einschreibt.

Vom Höfischen Erzähler selbstverfasste Stücke sind etwa 1Sam 13,7b–15a; 16,1–13; 29,1–11; 2Sam 11,27b – 12,15. Ein paar Worte zu jedem dieser Texte.

– In 1Sam 13 prallen Samuel und Saul hart aufeinander. Bis dahin war Samuel der Mentor Sauls. Doch jetzt, als dieser sich an seine wichtigste Aufgabe macht – die Auseinandersetzung mit den Philistern –, ist es mit der Eintracht vorbei. Warum? Weil Saul als weltlicher Herrscher und Kriegsherr andere Massstäbe zu entwickeln beginnt als die ihm von Samuel vorgegebenen. Das Königtum beginnt seinen eigenen Gesetzen zu folgen, statt die von Gott (bzw. dem Gottesmann) gesetzten zu befolgen. Ein Grundsatzproblem monarchischer Herrschaft deutet sich an: Könige neigen dazu, sich über die anderen Menschen und sogar über Gott zu stellen.

– Ein noch viel krasseres Beispiel dafür liefert David mit seiner Aneignung Batsebas und der Beseitigung ihres Manns Urija (in 2Sam 11 erzählt im Rahmen einer älteren Novelle). Der Höfische Erzähler lässt daraufhin den Propheten Natan dem König entgegentreten und diesem seine Grenzen aufweisen (2Sam 12,1–15). Dieser Eingriff in die ältere Überlieferung ist politisch wie theologisch hoch bedeutsam: «Höfisch» meint bei diesem Verfasser eben *nicht* «dem Königshof hörig», sondern ihn kritisch beurteilend.

– An der vom Höfischen Erzähler geschaffenen Erzählung von der Salbung Davids (1Sam 16,1–13) fällt auf, dass Gott aus der Reihe der Söhne Isais nicht den Grössten und Stärksten auswählt, sondern den Kleinsten und fast Vergessenen. *So einen* will Gott aus dem Nichts an die Spitze des Staats führen! Und er lässt ihn zum Thron nicht den geraden Weg, sondern mancherlei Umwege nehmen. David steigt zwar (am Hof Sauls) kometengleich auf, doch er stürzt auch erschreckend tief ab (vertrieben von Saul, übergelaufen zu den Philistern – ausgerechnet zu ihnen!).

– So tief lässt Gott seinen Schützling indes nicht sinken, dass er das Blut seiner eigenen Landsleute vergiessen müsste; nein, ein gütiges Geschick (bzw. das Misstrauen der Philister)

bewahrt ihn davor, mit in die Schlacht auf Gilboa ziehen zu
müssen (1Sam 29).

Dialogkunst

Fast noch meisterhafter als die frei entworfenen Erzählungen
sind die vom Höfischen Erzähler vorgenommenen Einfügungen
in ihm vorgegebene Erzählungen. Allermeist wählt er dazu die
Form des Dialogs. (Vgl. dazu auch schon oben das Kapitel «Die
Samuelbücher als Literatur», Abschnitt «Dialogführung».) Wenn
er zwei Figuren miteinander sprechen lässt, die in der älteren
Erzählung schon präsent sind, kann er die Erzählhandlung kom-
mentieren und deuten, ohne den Ablauf grundlegend zu verän-
dern. Oft setzt er als Meister des Worts und tiefgründiger Denker
eher einfachen oder derben Geschichten besonders schöne Lich-
ter auf. Hierfür ein paar Beispiele.

1Sam 24 war ursprünglich ein Soldatenschwank: Da betritt
Saul, um seine Notdurft zu verrichten, eine Höhle – nicht
ahnend, dass sich weit hinten und im Dunkeln David und
seine Männer versteckt halten. Der kühne und schlaue David
schleicht zu dem da kauernden und mit sich selbst beschäftigten Saul, schneidet ihm einen Zipfel seines Mantels ab, verschwindet damit im Höhleninnern – und zeigt hernach dem
verdutzten und beschämten König das Beweisstück seiner
Grosszügigkeit. Daraus macht der Höfische Erzähler ein Lehrstück über die generelle Unantastbarkeit des «Gesalbten» und
über die moralische Überlegenheit Davids über Saul. Zuerst
lässt er David (ein wenig situationsfremd) mit seinen Männern
darüber streiten, ob er, wie sie ihm vorschlagen, den König

umbringen soll; Ergebnis: auf keinen Fall (24,5–8a)! Dann lässt er Saul und David ein Zwiegespräch führen, in dem David sich beklagt über die völlig ungerechtfertigte Verfolgung, während Saul zugibt, David sei «gerechter» als er; wenn er eines Tages König sei, möge er doch bitte Sauls Nachkommen verschonen (24,10–22)!

1Sam 25 erzählte ursprünglich, wie David von einem reichen Herdenbesitzer Naturalabgaben eintreiben wollte, auf beleidigende Weise abgewiesen wurde, daraufhin zur Razzia auf das Anwesen ausrückte, von der Frau des Grobians durch reiche Geschenke besänftigt wurde, wie der Mann alsbald starb und die Dame Davids Gemahlin wurde. Jetzt ist das Herzstück der Erzählung eine überaus geschickte und gescheite Rede der Frau, die David aufklärt über seine hohe Bestimmung – und dass ein grosses Blutvergiessen unter Farmersleuten für ihn extrem belastend wäre. Sicher werde Gott selbst seine Gegner aus dem Weg räumen. Er möge doch, wenn das ihm zugedachte Gute eingetroffen sei, ihrer, seiner «Magd», gedenken (1Sam 25,24–31). David, der vorher einen derben Fluch ausgestossen hat (25,21f), spricht jetzt eine Segnung über die kluge Frau (25,32–34). Aus einem skrupellosen Warlord ist ein wahrer Lord geworden.

In 2Sam 1,13–16 und 4,9–11 erklärt David Menschen, die sich an Saul und an dessen Sohn und Nachfolger Eschbaal vergriffen haben, noch einmal den Grundsatz der Unantastbarkeit des Gesalbten – was seine eigene Rechtschaffenheit und seinen Edelmut ins rechte Licht rückt. Im Anschluss befiehlt er beide Male (und jeweils mit der älteren Erzählung) die Hinrichtung der Mörder.

Der Höfische Erzähler scheint es auch gewesen zu sein, der den harten Zusammenprall zwischen Michal und David inszenierte

(2Sam 6,16.20–23). Der heftige Wortwechsel zwischen ihr, der stolzen israelitischen Prinzessin, und ihm, dem frommen und bescheidenen König, geht eindeutig zu seinen Gunsten aus.

Ein letztes Beispiel: Der Höfische Erzähler lässt David, nachdem der aufständische Absalom ihn aus Jerusalem vertrieben hat, in die Reihen der Rebellen einen Mann seines Vertrauens einschleusen: den königlichen Berater Chuschai. Diesem gelingt es in einer meisterlich doppeldeutigen Rede, das Vertrauen des Prinzen zu gewinnen und in einem rasanten Wortgefecht mit einem Gegenspieler, dem Ratgeber Achitofel, Absalom zu einer am Ende verhängnisvollen Strategie zu überreden (2Sam 16,15 – 17,14).

So entscheidet sich im Höfischen Erzählwerk das Schicksal von Menschen oft in Dialogen und werden grosse politische Entwicklungen und Ereignisse durch Worte gelenkt.

3.   Die deuteronomistische Redaktion

Zeitgeschichtlicher Hintergrund

Über ein gutes Jahrhundert hinweg scheint der vom Höfischen Erzähler hergestellte Bestand der Samuelbücher unangetastet geblieben zu sein. Anscheinend galt sein Werk als Gründungsepos des Königreichs Juda und als gültige Erklärung für den Untergang des Königreichs Israel. Doch am Ende des 7. und zu Beginn des 6. Jahrhunderts zogen auch über Juda schwere politische Unwetter herauf. Zunächst schien es, als nehme die Geschichte eine Wende zum Guten, als das Assyrerreich, dem Juda jahrzehntelang als Vasall dienen musste, in ungeahntem

Tempo bröckelte und barst. Kurz vor Mitte des 7. Jahrhunderts hatte es noch Ägypten, den einzigen ernsthaften Antipoden, unterworfen. Doch sehr bald danach zeigten sich im babylonischen Teil des Reichs, am Eufrat, Selbstständigkeitsbestrebungen. Bereits im Jahr 612 v. u. Z. war Ninive, die stolze assyrische Hauptstadt am Tigris, dem Erdboden gleichgemacht. Konnten kleine, geknechtete Länder wie Juda jetzt auf die grosse Freiheit hoffen? Nein, denn an die Stelle des neuassyrischen Reichs trat das neubabylonische, das unter seinem kraftvollen Herrscher Nebukadnezar (604–562) ein Imperium ungefähr im Ausmass des assyrischen schuf. Im Zug dessen wurde das Königreich Juda zuerst Vasall von Babylon und, als es diesen Zustand zu ändern suchte, in zwei Kriegen niedergeworfen. Im Jahr 598 v. u. Z. kam Jerusalem noch glimpflich davon, indem es sich ergab und der König ins Exil ging. 587 jedoch kam es zur völligen Zerstörung der Stadt einschliesslich des Königspalasts und des Tempels, das ganze Land wurde babylonischer Verwaltung (d. h. Ausbeutung) unterworfen, die Führungsschicht ins Exil nach Babylon verschleppt.

Eine Katastrophe wie diese könnte das Ende einer Volksgeschichte bedeuten. Nicht so bei den Judäern bzw. Jüdinnen und Juden. Ein wesentlicher Grund dafür war, dass in ihren Augen der Untergang des Staats nicht den Untergang des Volks bedeutete. Israel-Juda war nicht nur ein Staats-, sondern auch ein Gottesvolk. Und der Gott Jhwh war im Jahr 587 nicht, wie man meinen möchte, besiegt worden, sondern er hatte den Sieg Babylons ermöglicht, ja, herbeigeführt. Hinter dieser Überzeugung stand die Erfahrung mit der israelitischen Prophetie. Immer und immer wieder hatten kritische Propheten angekündigt, Jhwh werde, enttäuscht über Israels und Judas Untreue, sein Volk einem Gericht aussetzen – und dieses war mit den politischen Katastrophen von 722 und 587 eingetreten. Während also Jhwh scheinbar nicht die Macht besass, sein Volk zu schützen, hatte er in Wahrheit die Macht, die Völkerwelt zu lenken. Warum sollte er dann nicht auch die Macht haben, seinem zerschlagenen Volk das Weiterleben und ein Wiederaufleben zu ermöglichen?!

Dies waren die grossen, schweren Gedanken, mit denen die ihrer Eigenstaatlichkeit beraubten Judäer umzugehen hatten: Warum wurden wir so hart geschlagen? Was von dem, was uns genommen wurde, können wir entbehren? Was von dem, was uns in der Vergangenheit wichtig wurde, müssen wir bewahren? Wo liegt unsere Zukunft, wie lässt sie sich gestalten und wie gegen erneute Katastrophen sichern?

Unter solchen Gesichtspunkten unternahmen es gebildete Judäer der exilischen und frühnachexilischen Zeit – also des 6. und beginnenden 5. Jahrhunderts –, die Geschichtsüberlieferungen Israels und Judas darauf zu durchmustern, was als überholt, vielleicht sogar verderblich, und was als unverzichtbar und zukunftsfähig zu gelten habe. Die Grundlage ihres Denkens und Urteilens war das Deuteronomium (Fünftes Buch Mose). Dies war die seinerzeit «modernste» Gesetzgebung, vom König Joschija im Jahr 622 v. u. Z. in Kraft gesetzt. Die davon beeinflussten Kreise nennt man «Deuteronomisten». Nach einer plausiblen Hypothese schufen sie ein grosses Geschichtswerk, das die biblischen Bücher Deuteronomium, Josua, Richter, Samuel und Könige und damit die Zeit von der Landnahme bis zum Landverlust umfasste. Anscheinend gab es von diesem Werk nacheinander mehrere, zunehmend erweiterte Editionen, von denen die erste um die Mitte des 6. Jahrhunderts, die zweite wohl kurz vor, die dritte nach dem Ende des babylonischen Exils im Jahr 538 v. u. Z. entstand.

Die drei Redaktionsstufen

In den Samuelbüchern haben die Deuteronomisten keine sehr breiten Spuren hinterlassen (schmalere als etwa im Richterbuch oder in den Königsbüchern). Das Vorgängerwerk, das der Höfische Erzähler geschaffen hatte, war derart perfekt und in sich geschlossen (und ja auch noch nicht sehr alt – vielleicht ein gutes Jahrhundert), dass sie es in vollem Umfang übernahmen und nur an relativ wenigen Stellen erweiterten. Es seien von allen drei Redaktionen hier wichtige Beispieltexte vorgestellt.

Die Hand des ersten deuteronomistischen Redaktors ist besonders stark in zwei Kapiteln wahrzunehmen: dem über den Königswunsch Israels (1Sam 8) und dem über die Dynastieweissagung an David (2Sam 7). Schon diese Schwerpunktsetzung ist bezeichnend. In 1Sam 8 geht es um die Frage, ob in Israel das Königtum eingeführt werden sollte, in 2Sam 7 um die Frage der Dauerhaftigkeit der Daviddynastie – zwei Themen, die nach 587 besonders brennend wurden. Die erste Frage beantwortet dieser Deuteronomist mit einem Sowohl-als-auch: Einerseits war die Gründung einer Monarchie unausweichlich, weil das frühere System der «Richter» – wechselnde Leitgestalten mit nur begrenzten Kompetenzen – nicht zuverlässig funktionierte (1Sam 8,3–6). Andererseits würden die Könige die dauernde Neigung haben, ihre Kompetenzen zu überschreiten – wovon ein sarkastisches «Königsrecht» zeugt, das dieser Deuteronomist aufnimmt und in die Erzählung einbaut (1Sam 8,9b–22). Die Natanweissagung in 2Sam 7 versieht dieser Redaktor gezielt mit der Dimension des «Ewigen», des nie Überholten (2Sam 7,11.16). David lässt er für die grosse Verheissung überschwänglich danken und darum bitten, dass sie sich tatsächlich erfüllen möge (7,18–21.25–29): ein grosser Wunsch in der Zeit nach 587!

Der zweite deuteronomistische Redaktor richtet sein Augenmerk vorrangig auf das Wirken des Prophetenworts in der Geschichte Israels – und dies auch in der frühen Königszeit. Er gestaltet in 1Sam 2 den Auftritt eines namenlosen Gottesmanns in ein klassisches Gerichts- und Verheissungswort um (2,30.34–36), wie spätere Prophetinnen und Propheten sie ganz ähnlich verkünden werden (vgl. z. B. 2Kön 22,14–20). Ein weiterer grösserer Eingriff liegt in Natans Auftritt gegen David vor, nachdem dieser zum Ehebrecher und zum Mörder geworden ist; dank einiger Zusätze redet Natan in 2Sam 12,7–10 jetzt wie einer der Gerichtspropheten, die später in den Königsbüchern sündige Könige zur Rechenschaft ziehen (vgl. z. B. 1Kön 16,1–3).

Einer dritten Redaktion geht es vor allem um die Lehren, die sich aus der Geschichte für die Zukunft ziehen lassen. Die wichtigste: Die Vorfahren haben die Gebote der Tora, insbesondere das Erste Gebot der Einzigkeit und der Alleinverehrung Jhwhs, missachtet. Durch absolute Toratreue wird sich dem Judentum eine neue und verlässliche Zukunft eröffnen. Einschlägige Passagen finden sich etwa in 1Sam 7,3f; 8,7–9a und 2Sam 7,4–8a.22–24.

4. Späte Nachträge

Als die Samuelbücher schon weitgehend abgeschlossen (und aus dem Kontext des deuteronomistischen Geschichtswerks herausgelöst und zum eigenen Buch geworden) waren, wurden an ihrem Anfang und ihrem Ende gewichtige, vorwiegend poetische Texte eingesetzt. Es ist, als hätte man ein wertvolles Bild in einen kostbaren Rahmen fassen wollen.

Das Hannalied in 1Sam 2,1–10

Ziemlich an den Anfang kommt das Lied der Hanna zu stehen: ein Hymnus, der als Lesehilfe für alles, was dann folgt, der Mutter des ersten Hauptprotagonisten in den Mund gelegt wurde. Vielleicht ist er aus zwei, ursprünglich selbstständigen Texten zusammengesetzt: einem Königslied, möglicherweise einem Inthronisationsgesang noch aus der judäischen Königszeit (1Sam 2,1.3a.4–5.9b–10), und einem nachexilischen Lehrtext über die Grösse, Unvergleichlichkeit und Einzigkeit Jhwhs (2,2.3b.6–9a). Wie es scheint, wurden diese beiden Vortexte reissverschlussartig ineinandergeschoben, wobei sie sich in der Aussage über die «Umkehrung der Werte» (2,4–6: Untere steigen auf, Obere steigen ab) trafen. Wenn «Hanna» die Macht des «Gesalbten» rühmt, soll die Leserschaft nicht so sehr an längst versunkene Königreiche denken als vielmehr an die gegenwärtige Herrschaft Gottes und die Krönung seines Volks durch die Tora.

Vom Hannalied gibt es auffällige inhaltliche und sogar wörtliche Brücken hinüber zu dem grossen Davidpsalm in 2Sam 22. In diesem ist, wie im Hannalied, vom «Horn» (als Symbol für Macht und Kraft), vom «König» und vom «Gesalbten» die Rede (2Sam 22,3.51), dazu von «Feinden», gegen die Jhwh «hilft» (22,4 u. ö.), von Jhwh als «Fels» und «alleinigem» Gott (22,32), von der «Erhöhung» der Niederen (22,28, auch 17 und 49), von «Frommen» und von «Übeltätern» (22,22.26). Jhwh ist, wie im Hannalied, Schöpfer und Weltherr und Herr auch über den Tod (22,6.8.14.16). Die Ähnlichkeiten belegen nicht, dass die Texte voneinander abhängig, sondern dass sie aus dem gleichen Geist geboren sind. Die Überschrift datiert das Lied auf den «Tag, da Jhwh ihn [David] aus der Hand aller seiner Feinde und aus der Hand Sauls gerettet hatte» (22,1). Das gemahnt an 2Sam 7,1 und bindet das – ursprünglich für sich existierende – Lied in die Handlung der Samuelbücher ein. Vermutlich ist der Schlussteil, 22,33–50, ein noch aus der Königszeit stammendes «Dank- und Siegeslied des Königs», das bei entsprechenden Anlässen im Jerusalemer Tempel rezitiert wurde. Dem vorangestellt ist ein – eher junges – individuelles Danklied (22,2–20). Verbunden wurden beide Textteile durch das Mittelstück 22,21–32, den jüngsten Part des Psalms. Hier gibt sich «David» als toratreuer Jude, der selbst nach Gerechtigkeit strebt und auf die Gerechtigkeit Gottes hofft.

Vielleicht sollte dieses «Testament» ein Gegengewicht bilden zu den reichlich rachsüchtigen Abschiedswünschen, die der sterbende David seinem Sohn und Nachfolger Salomo gemäss 1Kön 2,2–9 ans Herz gelegt hat. Demgegenüber präsentiert sich David in 23,1 als «Liebling in den Gesängen Israels», ist er also schon ganz der Psalmdichter späterer Zeiten. Voller Selbstbewusstsein nimmt er für sich in Anspruch, zu ihm habe «der Geist Jhwhs gesprochen», und das habe ihn nicht nur zum Dichter, sondern zu einem «Gerechten» gemacht – eine bevorzugte Selbstbezeichnung der spätalttestamentlichen Frommen. Einen «ewigen Bund» habe Gott ihm gewährt; das ist eine Anspielung auf die Natanweissagung 2Sam 7, doch sie ist nicht mehr Ausdruck monarchischer Träume, sondern sieht im jüdischen Gottesvolk den Verheissungsträger.

Wahrscheinlich ist der gesamte Anhang zu den Samuelbüchern, 2Sam 21–24, in dessen Zentrum die Gedichte in 2Sam 22 und 23,1–7 stehen, erst in nachdeuteronomistischer Zeit zusammengestellt und an seinen jetzigen Platz gesetzt worden. Die dafür Verantwortlichen hatten jedoch ausser jungen Dichtungen auch ältere Prosaquellen zur Verfügung, die in das Höfische Erzählwerk keinen Eingang gefunden hatten und somit auch im deuteronomistischen Geschichtswerk fehlten. Vielleicht ist der Grund dafür, dass David in ihnen gar nicht gut wegkommt. So wirft die Erzählung über die von David genehmigte Massenhinrichtung von sieben Sauliden und über den heldenhaften Kampf Rizpas, der Nebenfrau Sauls, um ihr ordentliches Begräbnis (2Sam 21,1–14) auf David gar kein gutes Licht. Auch in der abschliessenden

Geschichte von der Volkszählung, auf die Gott mit einem Pestausbruch reagiert (2Sam 24), macht der König eine wenig vorteilhafte Figur. In den Anekdotenreihen 2Sam 21,15–22 und 23,8–39 steht nicht er im Mittelpunkt, sondern seine Krieger, die ihm zuweilen das Leben retten müssen. So spiegelt dieses ganze Textkonvolut eine Zeit, in der der einst hoch gerühmte König David in weite geschichtliche Ferne gerückt und allen königs-ideologischen Zaubers entkleidet ist. Insofern kommt diesem Anhang innerhalb der Samuelbücher ein eigenes Gewicht zu.

Die textliche Überlieferung der Samuelbücher

1. Texttraditionen und Handschriften

Hebräische und griechische Textüberlieferung

Mit den im vorangehenden Kapitel beschriebenen vier Textstufen ist die Entstehungsgeschichte der Samuelbücher noch nicht zu Ende. Doch steht fortan nicht mehr ihr *Inhalt* zur Disposition, sondern nur noch ihre *Textgestalt*. Die Samuelbücher gehören zu denjenigen Büchern der Bibel, die eine besonders interessante Textgeschichte haben. Es gibt sie nämlich nicht nur in einer, sondern in verschiedenen Gestalten.

Ein Hauptzweig ist der *hebräische*, der hauptsächlich im Judentum gepflegt wurde. Hier ragt der «masoretische Text» hervor, den die sogenannten Masoreten erstellten: jüdische Gelehrte etwa von 700 bis 1000 u. Z. Bis dahin waren die Texte unvokalisiert, d. h., sie enthielten nur Konsonantenzeichen und keine Wortabstände (wshttwsssh = was heute etwa so aussähe). Je weniger Hebräisch (oder das verwandte Aramäisch) im Alltag noch gesprochen wurde, desto schwieriger wurde es, solche Texte zu lesen. So haben die Masoreten ihre Texte «punktiert», d. h. mit Vokal- und Akzentzeichen und überdies mit übersetzungstechnischen Randnotizen versehen. Es gab allerdings zumindest zwei masoretische Schulen mit unterschiedlichen Punktationssystemen. Daneben wurden weiterhin unpunktierte Handschriften überliefert. So ist die hebräische Texttradition keineswegs homogen, sondern in sich differenziert.

Der zweite Hauptzweig ist der *griechische*, bekannt als «Septuaginta». Es gibt mehrere, untereinander nicht völlig übereinstimmende alte Codices mit griechischen Übersetzungen des ursprünglich hebräischen Texts. Sie wurden im Alexandria des 2. Jahrhunderts v. u. Z. von jüdischen Gelehrten angefertigt, die beide Sprachen beherrschten. Die Besonderheit bei den Samuelbüchern ist nun, dass die Vorlagen dieser Übersetzer z. T. offenbar recht stark von dem Text abwichen, den (später) die Masoreten vorfanden und bearbeiteten.

Die neuzeitliche Wissenschaft hat in penibler Kleinarbeit alle wichtigen griechischen Codices erfasst und ihre vermutlichen hebräischen Vorlagen rekonstruiert, um dann die Codices untereinander und mit der masoretischen Tradition zu vergleichen. Auch wenn die Hauptmasse des Texts in allen genannten Versionen weitgehend identisch ist, sind die Abweichungen doch zahlreich.

Gründe für Textunterschiede

Woher rühren die Unterschiede? Die Ursachen sind vielfältig.

Da gibt es als Erstes reine Abschreibversehen: Man hat einen Buchstaben mit einem anderen verwechselt, hat einen Buchstaben oder ein Wort übersehen, ist von einem Wort versehentlich zum gleichen (oder einem ähnlichen) Wort ein oder zwei Zeilen weiter gesprungen u. ä. Bei den griechischen Texten gab es Übersetzungsprobleme: Sollte man ein bestimmtes hebräisches Wort so oder so übersetzen, immer gleich oder mitunter wechselnd? Meinte die hebräische Vorlage an einer bestimmten, schwierigen

Stelle das oder das? War das Hebräische möglichst wortgenau und zuweilen «hebraisierend» zu übersetzen oder war es freier in ein eleganteres Griechisch zu übertragen?

Immer wieder lassen sich auch willentliche Änderungen feststellen, und zwar sowohl in der hebräischen wie in den griechischen Textfassungen (bzw. deren Vorlagen). Man ahnt die Beweggründe: War es nicht hier oder dort angebracht, den vorgefundenen Text etwas zu raffen oder zu glätten oder zu verdeutlichen, zu erklären oder auszuschmücken? Musste man nicht zuweilen sogar annehmen, die Vorlage enthalte einen Irrtum oder etwas, was nie hätte geschrieben werden dürfen, weil es sachlich unmöglich oder dogmatisch unerträglich war?

Die jüdische wie auch die christliche Exegese hat einen eigenen Wissenschaftszweig namens *Textkritik* entwickelt, der alle Textänderungen aufzuspüren und zu verstehen sucht. Das methodische Hauptmittel ist der Vergleich zwischen vorliegenden, voneinander abweichenden Textformen. In eher seltenen Fällen vermag die Textkritik auch an einem eigentlich unbestrittenen Text Fehler festzustellen, die sich dann in sämtliche Versionen eingeschlichen haben.

Der ursprüngliche Text in der Textfamilie

Das erste Ziel der Textkritik ist es, in einer Textfamilie den ursprünglichen Text herauszufinden. Das ist relativ einfach dort, wo alle Textzeugen übereinstimmen und keine internen Fehler wahrscheinlich zu machen sind. Liegen aber zwischen den Handschriften oder Codices Abweichungen vor, gilt es abzuwägen, welche Textform die ältere sein mag. Welches also ist der ursprüngliche *hebräische* Text? Antwort in aller Regel: der masoretische. Und welches ist der ursprüngliche *griechische* Text, genannt «Old Greek»? Hier ist die Antwort schwieriger. Offenbar repräsentiert in einem Abschnitt der Samuelbücher der eine Codex am ehesten «Old Greek», in einem anderen ein anderer. Manchmal kann man Hilfe noch anderswo suchen: Der griechische Text wurde irgendwann – und noch im früheren 1. Jahrtausend u. Z.! – ins Lateinische übersetzt: für eine Leserschaft, die weder Hebräisch noch Griechisch, sondern nur die neue Weltsprache verstand. Natürlich gibt es wiederum viele lateinische Versionen, so dass man hier nach «Old Latin» zu forschen hat. In ganz seltenen Fällen führt dieser Text an allen real existierenden griechischen Textzeugen vorbei an die vermutlich ursprüngliche griechische Version heran. Hat man dann «Old Greek» fixiert, ist dessen vermutliche hebräische Vorlage zu rekonstruieren und diese mit dem ältesten hebräischen Text zu vergleichen. Und hier nun lässt sich ein erstaunliches Ergebnis feststellen: Im Griechischen scheint oft eine ältere Textform erhalten geblieben zu sein als im Hebräischen! Das heisst, den Masoreten lag der Text der Samuelbücher in einer Gestalt vor, die sich vom Ursprungstext weiter entfernt hatte als die Vorlagen der griechischen Übersetzer.

Der hypothetische «Urtext»

Als letztes Ziel strebt die Textkritik an, den hinter den vorhandenen Texten stehenden «Urtext» zu rekonstruieren. Diese Fragestellung setzt voraus, dass irgendwo eine Grenzlinie zu ziehen ist zwischen der Zeit, in der die Überlieferung noch im Fluss war und bearbeitet werden konnte («formative Phasen»), und der Zeit, in der das nicht mehr der Fall war, in der der Text fixiert, gleichsam kanonisiert war und nur noch abgeschrieben wurde («reproduktive Phasen»). Bei den Samuelbüchern dürfte diese gedachte Grenze etwa im 4. Jahrhundert, allenfalls im frühen 3. Jahrhundert v. u. Z. liegen. Von da an galt der Text den jüdischen Gelehrten gleichsam als sakrosankt, wurde er nicht mehr einschneidend verändert, sondern nur noch interpretiert – und als kostbares Erbe von Generation zu Generation möglichst unangetastet weitergereicht. Doch auch den treuesten Abschreibern konnten einzelne Fehler unterlaufen, oder sie meinten, etwas unbedingt ändern zu müssen, was ihnen als verkehrt erschien. Und so bildete sich nach und nach die Textvielfalt heraus, die wir heute vorliegen haben – und die sicher in der Antike noch erheblich grösser war.

Die Textkritik versucht gleichsam, die feinen Verästelungen in der Textwelt weiter und weiter zurückzuverfolgen bis zur tiefsten Wurzel, dem «Urtext» – der freilich oft nicht mehr sein kann als eine hypothetische Grösse.

Die Texte von Qumran

Die Textvielfalt in der Antike war noch grösser, als die uns bekannten Handschriften und Codices ahnen lassen. Dies wird schlagartig immer dann sichtbar, wenn bis dahin unbekannte alte Handschriften neu entdeckt werden. Das ist nicht eben häufig der Fall, weil die Materialien, auf denen die Texte niedergeschrieben wurden – Papyrus und Pergament – nicht unvergänglich sind. Allerdings ist das Klima im Vorderen Orient mancherorts extrem trocken, was die Haltbarkeit dieser Stoffe erhöht. Zudem wurden Schriftrollen ganz besonders sorgfältig, d. h. möglichst luftdicht, aufbewahrt und so gut versteckt, dass sie über Jahrhunderte und Jahrtausende nicht gefunden wurden. Ein berühmtes

Beispiel ist die Kairoer Geniza, die «Schriftrollen-Grabkammer» hinter einer Synagoge, die einst vermauert wurde und erst im 20. Jahrhundert entdeckt worden ist. Wohl noch berühmter sind die Textfunde von Qumran.

Qumran ist der Name einer Ortschaft westlich des Nordendes des Toten Meers. In diese öde, abweisende Gegend zogen sich ab dem 2. Jahrhundert v. u. Z. Menschen aus Jerusalem und Juda zurück, die mit dem dort gepflegten Leben, vor allem mit der dort betriebenen Religionsausübung, nicht einverstanden waren. Es waren sozusagen Sektierer, genannt Essener (mit Akzent auf dem zweiten «e»), besonders Strenggläubige mit einer apokalyptischen Endzeiterwartung. Sie lebten wie in einem Orden zusammen (freilich nicht zölibatär), entwickelten eine eigene religiöse Lehre, die sie in ihren Schriften niederlegten – und sie beschäftigten sich sehr intensiv mit der biblischen Tradition, die teils «nur» wortgetreu weiterüberliefert, d. h. in einer eigenen Schreibwerkstatt abgeschrieben, teils aber auch in einer Art Kommentare, genannt «Pescher», ausgelegt wurde. Damals gab es noch keinen formellen biblischen Kanon; informell aber hatte sich im Judentum, und so auch in Qumran, ein bestimmter Fundus an «heiligen» Schriften herausgebildet. Zu ihm gehörten vor allem die Bücher der Tora (die fünf Bücher Mose), aber etwa auch die Samuelbücher. Von diesen gab es zwar, soweit dies zu erkennen ist, keinen Pescher, aber doch mehrere Abschriften.

Nach etwa zwei Jahrhunderten Ordensleben am Toten Meer zog der grosse Jüdische Krieg herauf, der im Jahr 70 u. Z. mit einer vernichtenden Niederlage der aufständischen Juden gegen die Römer endete. Und wie es römische Art war, wurden alle möglichen Widerstandsherde im Land mit grosser Gründlichkeit ausgetreten, darunter auch die Essener-Siedlung in Qumran. Die

Bewohner wurden, soweit sie nicht fliehen konnten, getötet. Zuvor jedoch hatten sie ihre geheiligten Schriften in vollkommen unzugänglichen Felshöhlen in der Nähe ihres Wohnortes versteckt, die Schriftrollen sorgsam in hohe Tonkrüge gestellt. So wurde die Gemeinde von Qumran ausgelöscht, ihre geistige Hinterlassenschaft aber überlebte – fast 2000 Jahre lang, ohne dass jemand etwas davon wusste. In den 1950er Jahren wurde der Schatz zufällig entdeckt (von Beduinenkindern, beim Spiel!), nach und nach gehoben, restauriert, konserviert und analysiert. Die Bibeltexte aus Qumran, das muss man sich klarmachen, greifen zeitlich *hinter* die gesamte übrige Textüberlieferung, die hebräische wie die griechische, zurück. Sie stammen aus dem 2. oder 1. Jahrhundert v. u. Z.; derart alte Bibelhandschriften gibt es sonst nicht.

Von den Samuelbüchern enthielt die Bibliothek von Qumran mehrere Handschriften, von denen eine sehr weitgehend erhalten ist (freilich nicht in voller Breite der Rolle, weswegen die Textkolumnen nicht vollständig sind); hinzu kommen einige Fragmente, also noch lesbare Teilstücke der Samuelbücher, von anderen Handschriften. Erst im Jahr 2005 erschien die von amerikanischen Forschern verantwortete, vollständige und durchgehend kommentierte wissenschaftliche Ausgabe dieser Samueltexte aus Qumran. Natürlich war man nun äusserst gespannt, wie sie sich zu der hebräischen und der griechischen Texttradition verhielten. Und siehe da, sehr oft stützen sie den (ältesten) griechischen Text bzw. dessen hebräische Vorlage *gegen* den masoretischen Text. Das ist freilich nicht immer der Fall. Gelegentlich stimmt Qumran auch mit dem masoretischen Text *gegen* Old Greek überein. Und in wieder anderen Fällen bietet Qumran eine Textversion, die von der masoretischen *und* der griechischen Textform abweicht.

Es zeichnet sich insgesamt folgendes Bild der Textgeschichte ab (wobei die anwachsende Schriftgrösse den langsam wachsenden Textumfang veranschaulicht):

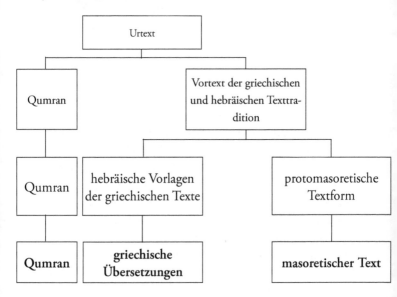

2. Beispiele für Textkritik

Das eben theoretisch Entwickelte soll nun an ein paar Beispielen konkretisiert werden. Aus Raumgründen ist eine schmale Auswahl zu treffen. Beiseite bleiben darum kleine Lese- und Abschreibversehen, auch grössere Irrtümer (z. B. *aberratio oculi*, das

Abschweifen des Auges von einer Zeile zu einer anderen, oder *homoioteleuton*, das Auslassen eines Satzes, der mit dem gleichen Wort endet wie der vorangehende), ferner den Aussagesinn nicht tangierende Anpassungen oder Glättungen durch Übersetzer – dies sind weitaus die häufigsten Gründe für Abweichungen zwischen den Textzeugen. Vorgestellt werden einige gewichtige absichtliche Textänderungen aus «dogmatischen» Gründen sowie umfangreiche Textkürzungen oder -verlängerungen.

1Sam 1–2: Wie unangepasst war Hanna? War sie eine Prophetin?

Hanna, die spätere Mutter Samuels, spielt nach dem griechischen Text (im Folgenden G genannt) eine deutlich aktivere kultische Rolle als nach dem masoretischen (im Folgenden M). Nur G berichtet, dass sie eigenständig «vor Jhwh getreten» sei (1Sam 1,9). Die Tradenten von M hielten ein solches Verhalten offenbar für unzulässig; im Jerusalemer Tempel durften nämlich nur Männer an den eigentlichen gottesdienstlichen Handlungen teilnehmen. Doch weiter: Bei G verhandelt Hanna mit Gott ganz partnerschaftlich – wenn du mir einen Knaben schenkst, dann bringe ich ihn wieder «vor dich» –, während sie bei M distanzierter von einer Rückgabe «an Jhwh» redet. Anders als in M weist Eli sie in G nicht nur an, ihren vermeintlichen Rausch auszuschlafen, sondern «von Jhwh wegzugehen» (1,14) – vor den sie nach M ja nicht getreten war. Als es später um die Einlösung ihres Gelübdes geht, spricht Hannas Mann, Elkana, laut M von einem «Wort (Jhwhs)», das aufgerichtet werden solle (1,23); in G dagegen sagt Elkana: «Möge Jhwh (alles) aufrichten, was aus deinem Mund hervorgegangen ist» (was doch der Person Hannas wesentlich mehr Gewicht gibt). Nach G übergibt am Ende Hanna ihr Kind an Eli (1,25); in M steht hier, scheinbar partnerschaftlich, in Wahrheit die Rolle der Frau schwächend: «Sie brachten (das Kind)». Am Ende des denkwürdigen Besuchs in Schilo fällt laut der wichtigsten Qumranhandschrift (fortan Q) Hanna vor Jhwh nieder (1,28); die anderen Textzeugen haben hier maskuline Verbformen, so dass nur Männer – Eli oder Elkana oder Samuel – Jhwh verehren. In diesem Fall hat offenbar einzig Q den ursprünglichen, Hanna-freundlichen Text bewahrt. In 1Sam 2,1– 10 ist in die Hannageschichte das sogenannte Hannalied einge- setzt: offenbar erst sehr spät in der Redaktionsgeschichte. Da aber alle Textversionen das Lied haben, muss es hinzugekommen sein, ehe sich die Textgeschichte zu verästeln begann. Nun findet sich am Ende des Lieds, in 1Sam 2,10, in G ein Plus gegenüber M: «Der Herr ist heilig. Nicht rühme sich der Verständige seines Verstandes und nicht rühme sich der Mächtige seiner Macht und nicht rühme sich der Reiche seines Reichtums, sondern dessen rühme sich der sich Rühmende, dass er den Herrn verstehe und erkenne und Recht und Gerechtigkeit übe mitten im Land.» Das ist zweifellos eine tiefsinnige Mahnung – doch warum fehlt sie in M? Weil erst G (bzw. deren hebräische Vorlage) sie aus Jer 9,22f herübergenommen hat. Dort steht zu lesen: «So spricht Jhwh: Nicht rühme sich der Weise seiner Weisheit und nicht rühme sich der Starke seiner Stärke und nicht rühme sich der Reiche seines Reichtums, sondern dessen rühme sich der sich Rühmende, ver- ständig zu sein und mich zu erkennen, dass ich Jhwh bin, der Solidarität und Recht und Gerechtigkeit übt im Land; denn an solchen habe ich Gefallen, Spruch Jhwhs» (eigene Übersetzung). Diesen echt prophetischen Lehrsatz legte der griechische Zweig der Samuel-Texttradition in angepasster Form Hanna in den Mund und stellte sie so in die Tradition des Prophetismus.

1Sam 5: Woran litten die Philister?

Den Philistern bekommt es schlecht, dass sie bei ihrem Sieg über Israel die heilige Lade erbeutet und in ihr Land verschleppt haben. Wohin der heilige Gegenstand auch kommt: Die Leute werden krank. Doch woran erkranken sie? Hier findet sich das interessante Phänomen, dass die Masoreten den ihnen überkommenen Text nicht nur punktiert, sondern auch kommentiert bzw. korrigiert haben. Freilich greifen sie dazu nicht direkt in ihn ein, sie schreiben vielmehr eine Bemerkung an den Rand. Im Text steht, dass JHWH die Bewohner der verschiedenen Philisterstädte «mit Beulen schlug» (1Sam 5,6.9.12), ohne dass man erführe, welche Körperzonen davon betroffen waren. Unwillkürlich denkt man an die aus dem europäischen Mittelalter bekannte Beulenpest. Die Masoreten nun vermerken am Rand, dass man das Wort «Beulen» hier und im Folgenden durch «Hämorrhoiden» zu ersetzen habe. Das wäre ein zwar drastisches Leiden, aber immerhin kein tödliches. G geht in diese Richtung noch einen Schritt weiter und lässt die Philister jeweils zusätzlich «auf ihre Hinterteile geschlagen» werden (5,9.12). Ausser den Beulen alias Hämorrhoiden kennt ein Teil der G-Überlieferung noch eine weitere Plage, die über die Philister gekommen sei: «Und er führte herauf gegen sie und liess auf ihre Schiffe ausschwärmen und es breiteten sich aus auf ihren Ländereien – Mäuse! Und es entstand eine grosse, tödliche Panik in der Stadt». Nun tauchen zwar auch in der Ladegeschichte von M «Mäuse» auf, aber viel später, in 1Sam 6,4, und zwar als «goldene Mäuse», die der Lade mit auf den Weg in die Heimat gegeben werden. Meines Erachtens wurde ursprünglich nur hier von Mäusen erzählt: Nicht weil es eine Mäuseplage zu beheben galt, sondern weil die Sühnegaben mausförmig sein sollten, um den beulenartigen Geschwüren, die es wegzuzaubern galt, zu gleichen. G nun machte aus den blossen Abbildungen echte Mäuse, und zwar so unheimlich viele, dass die Menschen in Panik gerieten.

1Sam 11: Der Ammoniter Nachasch – ein Monster oder nicht?

In 1Sam 11 wird eine aufregende Geschichte erzählt: Wie einst ein Ammoniterkönig namens Nachasch eine zu Israel sich rechnende Ortschaft im Ostjordanland, Jabesch in Gilead, angriff, allen Bewohnern das rechte Auge auszustechen drohte, dann zuliess, dass die Jabeschiter sich westlich des Jordan nach Hilfe umsahen (angeblich, weil er so ganz Israel demütigen wollte), wie dann doch Hilfe kam in Gestalt eines von Saul aufgebotenen Stämmeheers und die Ammoniter aus dem Feld geschlagen wurden. Diese Erzählung bieten die Haupttextzeugen unisono. Seltsamerweise aber weiss Josephus Flavius, ein jüdisch-römischer Schriftsteller um die Zeitenwende, noch etwas anderes. Er schreibt in seinem Werk «Antiquitates Iudaicae» («Jüdische Altertümer»), das die biblische Geschichte Israels deutend nacherzählt, dass Nachasch, *bevor* er Jabesch in Gilead bedrängte, «einen Kriegszug gegen die jenseits des Jordan wohnenden Juden unternommen und sie hart bedrängt hatte. Er nahm damals nicht nur ihre Städte ein, sondern machte es den mit Gewalt Unterjochten durch eine schlaue und listige Tat unmöglich, sich seiner Botmässigkeit wieder zu entziehen, falls sie dies je gelüsten sollte. Er liess nämlich denen, die sich ihm auf Gnade und Ungnade ergeben hatten oder kriegsgefangen in seine Gewalt gelangt waren, das rechte Auge ausstechen in der Absicht, sie zum Kriege untauglich zu machen; denn das linke

Auge wurde ja durch den Schild verdeckt» (Ant. 6.5). Man musste das für die Gruselphantasie eines Schriftstellers halten, der die Feinde Israels zu Monstern machen wollte – *bis* man die Samuelhandschriften in Qumran fand und in der wichtigsten zu Beginn von 1Sam 11 den folgenden Passus: «Und Nachasch, der König der Ammoniter, hatte die Gaditer und die Rubeniter [das sind zwei ostjordanische Stämme Israels, W. D.] mit Gewalt bedrängt und hatte ihnen, jedem, das rechte Auge ausgestochen. […] Und sieh, 7000 Mann waren geflohen vor den Ammonitern, und sie kamen nach Jabesch in Gilead. Und es war nach ungefähr einem Monat, und Nachasch der Ammoniter stieg hinauf und lagerte sich gegen Jabesch» – worauf die eigentliche Erzählung von 1Sam 11 folgt. Offenbar kannte Josephus diese Textüberlieferung. Der Textkritik stellt sich nun die Frage: Ist das grosse Plus in Q (und bei Josephus) ein originärer Bestandteil des Texts, der aus der übrigen Texttradition aus irgendeinem Grund herausfiel? Oder handelt es sich um eine sekundäre Ausweitung, die in den anderen Versionen noch nicht enthalten ist? Beide Auffassungen werden von namhaften Gelehrten vertreten. Ich neige klar der zweiten zu: Die Geschichte vom notorischen Augenausstecher Nachasch ist ein Midrasch – eine freie Ausgestaltung – des älteren, ja auch schon hinreichend gruseligen Texts. Durch sie bekommt der Ammoniter einen Grund, gerade Jabesch in Gilead anzugreifen: Die ihm Entkommenen sind dorthin geflohen. Seine Grausamkeit steigert sich jetzt ins Unermessliche – und sie wandelt sich zum Faktum. Während es in M und G bei der Androhung des Augen-Ausstechens gegen die Männer einer einzigen Stadt bleibt (die nie ausgeführt wird), ist dies nach Q (und Josephus) eine bereits an ganzen Stämmen vollzogene Tat.

Die Geschichte von Davids Sieg über den riesenhaften Philister-krieger Goliat ist mit 58 Versen die längste der Samuelbücher – aber nur in M. Hier werden nämlich im Grunde *zwei* Geschich-ten erzählt, die von einem Redaktor ineinandergeschoben und miteinander verwoben wurden: In der *einen* ist David ein junger Schleudersoldat, der mit dem Heer Israels im Feld liegt und sich die Hohnreden des sich für unbesiegbar haltenden Goliat anhö-ren muss: Es solle doch jemand herauskommen, den Zweikampf mit ihm wagen und so den Heeren eine grosse Schlacht ersparen! David entschliesst sich, dem furchterregenden Grossmaul entge-genzutreten; mit einem gezielten Schuss aus seiner Kampfschleu-der streckt er den Philister nieder und schlägt ihm den Kopf ab, den er als Siegestrophäe mitnimmt (1Sam 17,1–9.48b.51–54). Nach der *anderen* Version ist David ein braver Sohn, der im Auf-trag seines Vaters den grossen Brüdern Proviant an die Front bringt, dort Zeuge des Auftritts Goliats wird, kurzentschlossen vorspringt und den Kerl mit seiner Hirtenschleuder erledigt (17,12a.13–25.40–43.48a.49.50.55–58). Bei der Zusammenfü-gung beider Geschichten ergaben sich einige Merkwürdigkeiten: Mitten in der Erzählung von Goliat, bei V. 12, beginnt plötzlich eine ganz neue Geschichte. Und in V. 48–51 wird der Philister sozusagen zweimal umgebracht. Doch der Redaktor fand dieses Konglomerat offenbar gut genug, es seiner Leserschaft zu präsen-tieren (nachdem er vor allem den grossen Passus V. 26–40 über Davids Begegnung mit Saul noch selbst eingefügt hatte). Gerade in 1Sam 17 nun kommt es zu einer der grössten Abweichungen zwischen M und G. Der G-Text ist nämlich um sage und schreibe 27 Verse, also fast die Hälfte, kürzer als der M-Text. In G fehlen die Passagen V. 12–31.41.48b.50.55–58, also der Grossteil der eben skizzierten zweiten Geschichte. Die Gelehrtenwelt spaltet sich in zwei Lager: Den einen zufolge ist der Kurztext von G der ursprüngliche, und die Überschüsse von M wurden alle sekundär hinzuerfunden. Nach Meinung der anderen wurde in G (bzw. in der hebräischen Vorlage von G) die unförmig erscheinende Geschichte, die in M vorliegt, gekürzt, gleichsam «entschlackt», um einen einigermassen glatten Text bieten zu können. Obwohl dies der einzige Fall einer solch einschneidenden Kürzung von G gegenüber M wäre, neige ich der zweiten Erklärung zu, vor allem deswegen, weil die Überschüsse in M doch keine vollständige Erzählung ergeben. Trotzdem ist richtig: In 1Sam 17 liegen *zwei* Erzählungen vor, doch die Trennlinien verlaufen nicht immer dort, wo M über G hinausreicht. Mir scheint, es habe, wie schon gesagt, einerseits eine Geschichte von einem Schleudersoldaten namens David gegeben, der Goliat erledigte, und andererseits eine Geschichte von dem tapferen Hirtenknaben David, der das tat. Beide wurden in der M-Version zusammengefügt und dabei noch kräftig angereichert, weshalb sich die G-Tradition veranlasst sah, den Text wieder etwas schlanker zu machen.

2Sam 2–4: Ischboschet oder Eschbaal?

König Saul hatte einen Nachfolger: einen wahrscheinlich noch recht jungen Sohn, den der Heerführer und Onkel, General Abner, auf den Thron Israels hob. David, mittlerweile König des südlichen Juda, tat alles, den israelitischen Norden zu destabilisieren (2Sam 2). Irgendwann überwarf sich Abner mit dem jungen König und wollte auf die Seite Davids überwechseln, wurde aber ermordet (2Sam 3). Seinen Sturz überlebte Sauls Nachfolger nicht lange: Zwei seiner Offiziere töteten ihn und brachten seinen Kopf zu David (2Sam 4). Textkritisch stellt sich die Frage, wie der unglückliche Sohn und Nachfolger Sauls eigentlich hiess. Alle wichtigen Textversionen sind sich einig: «Ischboschet». Wie fast alle hebräischen Namen, so ist auch dieser sprechend: «Mann der Schande». Welche Mutter würde ihr Kind so nennen? Findige Exegeten hatten die Idee, *boschet* bedeute hier gar nicht «Schande», sondern sei eine sonst äusserst selten belegte Gottesbezeichnung wie «Würde, Kraft» o. Ä. Doch diese Hypothese lässt sich nicht erhärten. Darum greift hier jene oben erwähnte, seltene Form der Textkritik ein, die auch ohne Differenzen zwischen den Haupttextzeugen aktiv wird: Danach hiess Sauls Sohn und Nachfolger in Wirklichkeit «Eschbaal» oder «Ischbaal». *Baal* bedeutet «Herr». Das Wort konnte als Titel (für eine hochgestellte Persönlichkeit, aber auch für Jhwh) verwendet werden, doch gab es auch einen kanaanitischen Gott namens Baal. Nun finden sich in der Hebräischen Bibel mehrere Belege dafür, dass Abschreiber es vermieden, die Namen «falscher» Götter hinzuschreiben; das verstiess gegen das Erste Gebot! Sie ersetzten diese gern durch abstossende Begriffe, in diesem Fall *boschet*, «Schande». So wurde aus *Esch-Baal* («Es gibt Baal!») oder *Isch-Baal* («Mann Baals/Mann des Herrn») *Isch-boschet*, «Mann der Schande». Und siehe da, in eher versteckten Winkeln der Texttradition finden sich Stützen für diese These: In einer einzelnen griechischen Handschrift findet sich die Namensform *Eisbaal* und in der Vetus Latina, einer altlateinischen Übersetzung der griechischen Bibel, der Name *Isbalem*.

In 2Sam 13,1–22 wird die erschreckende Geschichte von der Vergewaltigung von Davids Tochter Tamar durch deren Halbbruder, Davids Erstgeborenen Amnon, erzählt. Amnon bekam die junge Frau in seine Gewalt, indem er sich krank stellte und David bat, ihm Tamar gleichsam zur Krankenpflege zu schicken. Und David tat das, offensichtlich nichtsahnend. Als ihn hernach die Nachricht erreichte, Amnon habe Tamar vergewaltigt, «wurde er sehr zornig» – so alle wichtigen Textzeugen in 2Sam 13,21. Darauf folgt in den griechischen Codices ein Plus gegenüber M (das übrigens auch Josephus Flavius voraussetzt): «Und er wollte den Geist seines Sohns Amnon nicht beschweren; denn er liebte ihn, denn er war sein Erstgeborener». Die Kurzfassung in M besagt: David war nicht etwa einverstanden mit dem, was Amnon Tamar angetan hatte, es machte ihn sehr zornig. Diese Mitteilung genügt der griechischen Tradition (bzw. deren hebräischer Vorlage) nicht. Sie empfand als störend, dass David *nur* zornig wurde über den Vergewaltiger, jedoch nichts gegen ihn unternahm. Das lag daran, lautet die Erklärung in der G-Version, dass Amnon der gesetzte Thronfolger war und dass David ihn (deshalb?) «liebte». Welche Fassung mag die ursprüngliche(re) sein? Vermutlich die kürzere, doch die längere ergibt ja ebenfalls einen Sinn.

3. Das Wunder der Texttreue

Die vorgestellten Beispiele zeigen, dass Textkritik an den Samuelbüchern alles andere als eine nebensächliche oder langweilige Sache ist. Natürlich ist die grosse Mehrzahl der textkritischen

Entscheidungen wenig sensationell. Gleichwohl ist die Bemühung um den biblischen Text und der Versuch, einem möglichst ursprünglichen, vielleicht sogar dem «Urtext» nahezukommen, allen Einsatz wert.

Die Tradenten früherer Zeiten können dabei allen Späteren als Vorbild dienen. Es ist kaum zu fassen, wie viel Akribie und Ehrfurcht und, ja, Liebe die Abschreiber in ihre Arbeit gelegt haben. Der Buchdruck wurde im 15. Jahrhundert u. Z. erfunden. Seither ist es dank maschineller Hilfe relativ einfach, einen Text originalgetreu zu überliefern. Und doch wissen alle, die mit der Erstellung von Druck-Erzeugnissen zu tun haben, wie unendlich viele Fehlerquellen es gibt – auch noch in Zeiten des Computers. Um wie viel höher waren in vormaschineller Zeit die Schwierigkeiten, einen Bibeltext, den man für geheiligt hielt, der Mit- und Nachwelt unverändert zu übergeben! Gerade die jüdischen Schreiber haben darin Enormes geleistet. Die früheste vollständige hebräische Bibelhandschrift, der «Codex Leningradensis», der den modernen wissenschaftlichen Ausgaben der Hebräischen Bibel zugrunde liegt, wurde im Jahr 1008 (oder 1009) u. Z. geschrieben. Die Samuelbücher (und ein Grossteil der weiteren Bücher der Hebräischen Bibel) waren etwa um 300 v. u. Z. abgeschlossen. Über 1300 Jahre hinweg also wurde der hebräische Text nur durch handgefertigte Abschriften weitertradiert: ein Umstand, der eigentlich unweigerlich zu zahllosen Fehlern und Veränderungen hätte führen müssen. Doch dann fand man die Bibeltexte aus Qumran – und stellte fest, dass sie mit den modernen Hebräischen Bibeln und mittelbar mit dem Codex Leningradensis in einem unfassbar grossen Ausmass übereinstimmen: unwiderlegbarer Beweis der enormen Sorgfalt jüdischer Textüberlieferung. Analoges gilt für die Tradierung des griechischen (oder auch des armenischen, des äthiopischen, des koptischen, des byzantinischen, des lateinischen) Bibeltexts, nicht zuletzt dank der weltabgewandten, entsagungsvollen Tätigkeit von Mönchen. Die heutige Bibelwissenschaft, aber auch die heutigen Bibelleserinnen und Bibelleser können den zahllosen Menschen der Antike, die sich um die Weitergabe der Heiligen Schrift verdient gemacht haben, gar nicht dankbar genug sein.

+POI·CHE·FEDO·LACHAMERA·PATERNA*·ET

Die Samuelbücher und die Geschichte der frühen Königszeit

Die Samuelbücher sind zunächst ein Stück antiker Literatur, und als solche wurden sie in den vorangehenden Kapiteln behandelt. Zugleich aber erheben sie den Anspruch, einen bestimmten Zeitabschnitt der Geschichte Israels zu beschreiben. Sie wollen kein fiktiver Roman sein, sondern Geschichtsdarstellung. So erhebt sich die Frage, wie sie Geschichte darstellen und ob sie es in zutreffender Weise tun. Sind sie eine ernstzunehmende Geschichtsquelle? Und inwieweit deckt sich das in ihnen gezeichnete Bild der frühen Königszeit in Israels mit dem, was die moderne Geschichtswissenschaft über diese Zeit zu wissen meint?

1. Zeitlicher Rahmen

Die Zeit der Königreiche Israel und Juda (vom späten 10. bis ins frühe 6. Jahrhundert) ist chronologisch recht gut erschlossen. Das liegt hauptsächlich an einer bestimmten Quelle, die in den biblischen Königsbüchern verarbeitet ist: den sogenannten «Tagebüchern der Könige Israels» bzw. «Judas». Das waren eine Art Annalen, die offenbar an beiden Königshöfen geführt wurden. Sie boten einige wichtige Daten (die Namen der Könige, im Süden auch die Namen der Königsmütter, eine Korrelation zum jeweiligen Herrscher des Bruderreichs, die Dauer der Regierungszeit, Tod und Begräbnis) sowie Nachrichten über herausragende Vorkommnisse (z. B. Kriege, Umstürze, Erdbeben o. Ä.). Insbesondere aus den Angaben zu den Regierungszeiten ergibt sich eine relative Chronologie der beiden Königreiche. Diese wiederum lässt sich mit der absoluten Chronologie verbinden, weil es gelegentlich Ereignisse gibt, die sowohl in der Bibel als auch in ausserbiblischen Quellen auftauchen. Solche sind beschriftete Statuen, Reichsannalen oder Chroniken, wie sie etwa die neuassyrischen oder die neubabylonischen Könige hinterliessen. Allermeist sind die Koinzidenzen erstaunlich präzis, sodass sich bestimmte, für die Geschichte Israels und Judas bedeutsame Vorgänge aufs Jahr genau datieren lassen: etwa der Untergang Judas auf 587 v. u. Z., die Belagerung Jerusalems durch den Assyrer Sanherib auf 701, der Untergang Israels auf 722, der sogenannte syrisch-efraimitische Krieg (vgl. 2Kön 16,5) auf 734/33, die Tributzahlung Menahems an Assur (vgl. 2Kön 15,19) auf 738/37, die Befreiung Moabs von der israelitischen Oberherrschaft (vgl. 2Kön 3) auf 840, der Putsch Jehus gegen das Königshaus der Omriden (vgl. 2Kön 9–10) in dieselbe Zeit, die Schlacht zwischen Aram/Israel und Assur bei Qarqar (nicht erwähnt in der Bibel) auf 854, schliesslich die Trennung Israels von Juda (nicht erwähnt in ausserbiblischen Quellen) auf 926 v. u. Z.

Offenbar von diesem Zeitpunkt an wurden die erwähnten «Tagebücher» geführt; das heisst, von da an rückwärts gibt es keine Daten mehr aus dieser Quelle. Zwar ist im 1. Buch der Könige die Regierungszeit Salomos angegeben (1Kön 11,42: 40 Jahre – eine auffällig runde Zahl), im 2. Buch Samuel auch diejenige Davids (2Sam 5,5: 40,5 Jahre – eine nicht ganz so runde, aber doch sehr hohe Zahl); verifizieren lassen sich diese Daten aber nicht. Unglaubhaft ist die Angabe von 1Sam 13,1, Saul habe nur zwei Jahre lang regiert. Von den ersten drei Königen werden so viele Taten erzählt, dass man jedem von ihnen eine grössere Anzahl von Regierungsjahren wird zubilligen müssen. So lässt sich abschätzen, dass Saul um 1000 v. u. Z. die Herrschaft angetreten haben wird und die frühe Königszeit etwa das darauffolgende Dreivierteljahrhundert umfasste.

2. Archäologische Daten

Flächenarchäologie

Die moderne israelische Archäologie hat eine Methodik entwickelt, die relativ neu ist. Früher war man (und ist es noch heute oft) fixiert auf bestimmte Ortslagen, am liebsten Hauptstädte und dort mit Vorrang Paläste und Tempel (die im Alten Orient meist in einer «Oberstadt» konzentriert waren). Grabungen an solchen Stellen versprechen spektakuläre Ergebnisse und kostbare Funde. Was indes auf diese Weise kaum in den Blick kommt, sind die Lebensverhältnisse der breiten Bevölkerung. Diese werden nicht einmal dann sichtbar, wenn man ausnahmsweise einmal die «Unterstadt» ausgräbt: die Wohnbezirke der kleinen Leute. Damals bestand die Bevölkerung zu über 90 % aus Bauern, allermeist Kleinbauern, und diese lebten ganz überwiegend in Dörfern, allenfalls kleinen Städtchen, vielleicht nur Weilern oder Einzelgehöften oder gar Hütten und Zelten. Um von ihrem Leben etwas sichtbar zu machen, entwickelte man den Oberflächen-Survey: Mehr oder weniger geschultes Personal durchstreift in breiter Kette eine Region und registriert und sammelt alles, was auf einstige Besiedlung hindeutet. Auch Dörfer hinterliessen eine gewisse Menge Schutt: etwa Bauschutt, behauene Steine, zerbrochene

Keramikgefässe, Metallgeräte, Werkzeuge, Knochenreste. All dies wurde über die Jahrhunderte und Jahrtausende weggewaschen oder zugeweht, doch Regen und Wind fördern immer wieder etwas zutage, was dann an der Oberfläche liegt. Mit der nötigen Akribie lassen sich so auch sehr kleine und flüchtige Ansiedlungen finden. In diesem Stil hat man etwa die Landschaft Galiläa oder das benjaminitische und efraimitische Bergland untersucht.

Verwandt mit solchen Surveys sind *regional projects*. In ihnen wird innerhalb eines bestimmten Perimeters ebenfalls die gesamte Landoberfläche in Augenschein genommen, doch richtet sich der Fokus auf die im Landschaftsbild erkennbaren Siedlungen – und zwar alle, gross oder klein –, die dann ausgegraben werden. Dies ermöglicht Rückschlüsse auf die Ökologie und Ökonomie in der betreffenden Region. Unternehmen dieser Art sind das sogenannte «Land of Geshur Project» östlich und das «Kinneret Regional Project» nordwestlich des Sees Gennesaret.

Ist das gefundene Material nach Epochen geordnet, kann für jede von ihnen ein Raster erstellt werden: Wann siedelten wo wie viele Menschen? Wovon lebten sie, welche Gebrauchsgegenstände benutzten sie, wie wohlhabend oder arm waren sie? Inwieweit waren Siedlungen untereinander vernetzt, lassen sich Spuren von überörtlichem oder gar überregionalem Handel feststellen? Wo verliefen Verkehrswege? Solche über grössere Flächen sich erstreckende archäologische Forschungen können Ergebnisse erzielen, die für die Rekonstruktion der Geschichte der Gegend hochbedeutsam sind.

In dieser Weise lässt sich auch das 10. Jahrhundert v. u. Z. angehen. Einige Einsichten seien hier wiedergegeben. Das palästinische Bergland war spärlich besiedelt: je weiter nach Süden, desto dünner. Insgesamt lebten dort ungefähr 150 000 Menschen. Es waren fast ausschliesslich Bergbauern, mit kleinen Landwirtschaften und kleinen Häuschen. Diese wurden oft wagenburgartig auf Hügelkuppen angelegt. Die Grössenunterschiede zwischen ihnen waren gering, d. h. die sozialen Unterschiede nicht gross. Die Lebensumstände waren hart: der Ackerboden steinig, das Klima trocken (trotz meist grösserer Regenfälle im Winter, nach Süden hin mit abnehmender Tendenz). Immerhin war man fähig, Terrassen anzulegen (die das Regenwasser länger hielten) und Zisternen zu bauen (in denen es den Sommer über aufbewahrt wurde); dadurch wurde dauerhaftes Leben im notorisch wasserarmen Bergland überhaupt erst möglich. In den ganz trockenen und felsigen Gebieten wurde Kleinviehzucht betrieben. Sie bildete mit der Landwirtschaft gewissermassen eine Symbiose. Beides zusammen genügte für eine karge Subsistenzwirtschaft; d. h., es gab kaum Handel, vielmehr lebte jeder, so gut es ging, von dem, was Boden und Herde hergaben. Erhebliche Überschüsse erwirtschaften, materielle Reichtümer anhäufen konnte man so nicht. Grosse Ideen und Institutionen liessen sich auf dieser Basis schwerlich errichten. Der Horizont der Menschen reichte ökonomisch über die Bewältigung des Alltags, geografisch über das eigene Dorf, vielleicht das Tal, und soziologisch über die unmittelbare Verwandtschaft – Familie, Sippe – kaum hinaus.

Dies ungefähr waren die Voraussetzungen, die bei der Gründung des israelitischen Staats gegeben waren.

Siedlungsarchäologie

Ein völlig anderes Bild zeigen die grösseren Ebenen, entlang der Mittelmeerküste und in der Jesreel-Ebene (zwischen der Bucht von Akko und dem See Gennesaret). Hier herrschte (relativer)

Wasserreichtum. Das im Winter in die Berge eingesickerte Wasser trat am Gebirgsfuss in perennierenden Quellen aus. Dies waren die bevorzugten Orte für Stadtanlagen. Das gut bewässerte, landwirtschaftlich genutzte Umland konnte ihre Bewohnerschaft gut ernähren. Es konnten sich Schichten herausbilden, die nicht unmittelbar mit der Nahrungsmittelproduktion beschäftigt waren: Handwerker, Händler, Religionsfachleute, Künstler, Offiziere, Beamte mit ihren Familien – unter sich ihre Dienerschaft und über sich den König mit seinem Haus. Die politische Organisationsform war, sozusagen selbstverständlich, der monarchisch gelenkte Stadtstaat mit einer markanten Hierarchie und einem ebenso markanten Stadt-Land-Gefälle.

Die Archäologie hat eine grosse Zahl dieser palästinischen Städte freigelegt und sie mit mehr oder weniger zwingenden Gründen identifiziert. So wurden zahlreiche Ruinenstätten mit biblischen Namen belegt. Aus den Samuelbüchern sind hier vor allem die Namen von Philisterstädten zu nennen: Aschdod, Ekron und Gat (vgl. 1Sam 5; 7,14; 17,52; 27 u. ö.). Sie alle sind heute sicher lokalisiert und gründlich erforscht – doch sie stehen nicht im Zentrum, sondern an der Peripherie der Samuelerzählungen.

Samuel soll am Heiligtum von Schilo aufgezogen worden und aufgestiegen sein (1Sam 1–3) und später seinen Sitz im Wohnort seiner Eltern, Rama, gehabt haben (1Sam 1,1; 7,15; 9,5). Das sind, verglichen mit den Philisterstädten, winzige Ortschaften. Rama hat man noch nicht sicher identifiziert, es gibt drei Kandidaten dafür. Wo Schilo lag, weiss man hingegen, doch man fand an dieser Ortslage nichts, was nach einem grösseren Heiligtum mit einer festen Architektur aussehen könnte.

Etwas ermutigender ist die Sachlage bei Sauls Wohn- und Regierungsort Gibea (1Sam 11,4; 22,6). Die Archäologen setzen ihn recht zuversichtlich gleich mit dem Tell el-Ful, einem Ruinenhügel fünf Kilometer nördlich von Jerusalem (aber schon auf benjaminitischem Boden). Dort meinte man auch eine bauliche Struktur gefunden zu haben, die sich als Residenz Sauls ansprechen liess: eine kleine Festung von 35 × 40 m Seitenlänge. Doch derart punktgenaue Identifikationen erweisen sich oft als vorschnell, geleitet von dem Wunsch, biblische Texte in der konkreten Landschaft zu verorten. Jenes Fort stammt, wie nähere Nachforschungen ergaben, vermutlich nicht aus dem 10. Jahrhundert, sondern aus deutlich späterer Zeit. Sollte es, wie man zu erkennen meinte, eine Vorgängeranlage aus dem 11. oder 10. Jahrhundert gegeben haben, so müsste diese ja keineswegs von Saul errichtet worden sein.

Von David werden zwei Residenzorte genannt: Hebron (vgl. 2Sam 2,1–4) und Jerusalem (vgl. 2Sam 5,6–12). Am Rand der modernen Stadt Hebron findet sich ein markanter Siedlungshügel, der die Reste des antiken Hebron enthält. Dieses existierte schon im 2. Jahrtausend v. u. Z., wurde dann aufgegeben, aber im 12. Jahrhundert neu besiedelt. Im 11. und 10. Jahrhundert erlebte es eine Blütezeit; die uralten Stadtmauern schützten nur mehr eine Akropolis, unter der sich eine neue Unterstadt ausbreitete. Im weiteren Verlauf des 1. Jahrtausends folgte ein Niedergang, doch blieb die Stadt während der gesamten Königszeit als Jerusalem zugeordnetes Unterzentrum bestehen.

Jerusalem wurde um 1800 v. u. Z. gegründet. Es war ein kleiner eigenständiger Stadtstaat mit einer nichtisraelitischen Bevölkerung – die Bibel nennt sie Jebusiter und spricht gelegentlich auch von Hetitern. Die Stadt war nicht sehr gross – mit einer Fläche von etwa 100 × 400 m und maximal 2000 Einwohnern –, aber enorm stark befestigt. Als Saul sein Reich gründete und auch noch, als David für sieben Jahre in Hebron residierte, verlor Jerusalem seine Selbstständigkeit nicht. Doch dann, als David Juda und Israel in Personalunion verband, lag der kleine Stadtstaat als störender Querriegel zwischen beiden Reichsteilen. David nahm Jerusalem ein: anscheinend nicht kriegerisch, sondern eher durch friedliche Übereinkunft. Jedenfalls wurde die Stadt nicht zerstört, sondern allenfalls ein wenig erweitert: um einen Palast an der Nordflanke. Salomo dehnte das Stadtgebiet weiter nach Norden aus, zum heutigen «Tempelberg» hin, um Baufläche für einen neuen, grossen Palast und einen JHWH-Tempel zu gewinnen.

Jerusalem ist einer der archäologisch besterforschten Flecken der Erde – freilich auch ein besonders schwer zu erforschender. Die alte Stadt war auf einer Hügelkrone errichtet, mit steilen Seitenflanken in fast alle Richtungen, sodass jede Kriegshandlung, jede grössere bauliche Veränderung unweigerlich zu einem Abrutschen von Baumasse führte. Mit der Zeit bebaute man die Hügelflanken und weitete sich die Stadt auf weitere Hügel aus. Neue Stadtmauern wurden errichtet, alte belassen oder abgerissen, neue Gebäude oft aus wiederverwendeten Steinen älterer Häuser erbaut. Zwei Besonderheiten sind eigens zu erwähnen. An der Ostseite des alten Stadthügels entspringt eine starke, ganzjährig Wasser führende Quelle, der Gichon, die die Stadtgründung – tief im Hinterland und hoch in den Bergen – überhaupt erst ermöglichte und die man begreiflicherweise von früh an in die Stadtbefestigung einzubeziehen suchte. Sodann türmten die Bewohner wahrscheinlich schon in vordavidischer Zeit am Ostabhang des Stadthügels aus schweren, grob behauenen Steinen eine wuchtige Hangbefestigung auf, die es ermöglichte, an der betreffenden Stelle oben auf der Hügelkrone schwere Gebäude zu errichten – vermutlich den Palast des Stadtfürsten (den dann vielleicht David nutzte oder ausbaute).

Eine grössere Rolle spielt zudem noch eine östlich des Jordan gelegene Stadt. In 2Sam 10 und 12,26–30 wird berichtet, David bzw. sein General Joab hätten nach schweren Kämpfen Rabbat Ammon eingenommen. *Rabba* heisst «Die Grosse», also handelt es sich um die «Hauptstadt Ammons». Sie lag dort, wo sich jetzt das Zentrum der jordanischen Hauptstadt Amman befindet. In 2Sam 12,27 ist von einer «Wasserstadt» die Rede, in 12,26 von der «Königsstadt»; vielleicht meint Letzteres die Akropolis, Ersteres die unterhalb davon gelegene Unterstadt, durch die oder der entlang der Fluss Jabbok in seinem Oberlauf floss. Im jordanischen Nationalmuseum auf der Kuppe des heute noch erkennbaren Siedlungshügels werden Fundstücke gezeigt, die auf eine beachtliche Zivilisation weisen, etwa eine Steinstatue, die vermutlich einen dortigen Herrscher darstellt und für die Erklärung der in 2Sam 12,30 erwähnten Ammoniterkrone interessant ist.

3. Schriftliche Quellen zur frühen Königszeit

Die Tel-Dan-Inschrift

Im Wesentlichen berichtet über die frühe Königszeit nur die Bibel. Die Namen Saul, David und Salomo tauchen in keinem Text aus Ägypten und Mesopotamien auf. Das hat bei hyperkritischen Forschern schon den Verdacht geweckt, die Erzählungen über die ersten Könige Israels bzw. Judas seien rein fiktiv.

Nun gibt es aber doch eine einzige ausserbiblische Quelle, die beweist, dass die frühe Königszeit Israels keine pure Erfindung sein kann: eine in Stein geritzte Inschrift, nur in Bruchstücken erhalten und ursprünglich zu einer grösseren Stele gehörig, die in den 1990er Jahren auf Tel Dan, dem Siedlungshügel der nördlichen Grenzstadt Israels, Dan, gefunden wurde. Angefertigt wurde sie allem Anschein nach im Auftrag eines Herrschers des benachbarten Aram-Damaskus, wahrscheinlich Hazaëls von Damaskus (ca. 841–812 v. u. Z.). Dieser rühmt sich, soviel lässt sich dem fragmentarischen Text entnehmen, zwei Könige besiegt und getötet zu haben: einen «… ram von Israel» und einen «… jahu von bêt dwd». *dwd* lässt sich als *dôd*, «Onkel, Liebster», oder als *dāwīd*, eben «David», vokalisieren. *dôd* wurde gelegentlich als zärtlicher Ehrentitel für eine Gottheit verwendet; daran dachten zunächst einige Forscher in der Meinung, es gehe hier um ein Gotteshaus. Doch ist wegen des Worts «König» und wegen der parallelen Erwähnung von «Israel» die Lesung «Haus Davids» eindeutig die richtige.

Nun gab es gemäss der Annalennotiz 2Kön 8,25f einen Davididen namens Achasja(hu), der während der Herrschaft seines israelitischen Kollegen J(eh)oram auf den Thron kam und nur ein Jahr regierte. Beide zusammen, heisst es, hätten Krieg gegen die Aramäer unter Hazaël geführt (2Kön 8,28; vermutlich hatte der viel mächtigere Israelit den Judäer ins Schlepptau genommen). Ferner erzählt ein höchst farbiger, dramatischer Bericht von einem Putsch, den der israelitische Streitwagenoberst Jehu gegen seinen Herrn Joram anzettelte, wobei Jehu ausser Joram auch gleich noch Achasja getötet habe (2Kön 9,14–28). Die Darstellungen auf der Stele und in der Bibel treffen sich in den groben Zügen. Strittig aber ist, wer jene beiden Könige umgebracht hat: der Aramäerkönig Hazaël oder der Putschist Jehu. Beide hatten ein propagandistisches Interesse, die Tat für sich zu beanspruchen. Vielleicht muss man sich nicht auf ein Entweder-oder festlegen; der Israelit könnte im Auftrag des Aramäers gehandelt haben. Von aussen gesteuerte oder doch unterstützte Umstürze sind in der Geschichte ja nichts Seltenes.

Was in unserem Zusammenhang besonders interessiert, ist die Erwähnung des «Hauses Davids». Die Stele ist um 840 v. u. Z. angefertigt worden. Also wusste ein knappes Jahrhundert nach der Loslösung Israels von Juda ein Aramäer, dass es dort, relativ seitab in Südpalästina, ein Königreich und eine Dynastie gab, die sich auf einen gewissen David als Gründer zurückführten. Das ist ein klares Zeugnis für die Existenz und auch für eine gewisse Prominenz des Gründerkönigs.

Die Chronikbücher?

Die Chronikbücher berichten relativ ausgiebig über die frühe Königszeit – allerdings nur über zwei der drei ersten Könige, David und Salomo, nur ganz wenig aber über Saul (und noch weniger über Samuel).

In 1Chr 26,28 findet sich eine merkwürdige Notiz, wonach folgende Personen Gegenstände für den bald zu errichtenden Tempel Salomos «geheiligt» hätten: «Samuel, der Seher, und Saul, der Sohn Kischs, und Abner, der Sohn Ners, und Joab, der Sohn der Zeruja». Von keinem dieser Herren erzählt die Chronik aber irgendetwas Substanzielles – ausser von Saul, von ihm aber nur, wie er im Kampf gegen die Philister fiel und wie seine Leiche postum geschändet wurde (1Chr 10,1–12). Diese Erzählung ist offensichtlich 1Sam 31 nacherzählt – und mit einem bezeichnenden Nachwort versehen: «So starb Saul seiner Untreue wegen, die er gegenüber Jhwh begangen hatte, des Worts Jhwhs wegen, das er nicht beachtet hatte, und auch weil er den Totengeist befragt hatte, um Rat zu holen. Jhwh aber hatte er nicht befragt. Und dieser liess ihn umkommen und das Königtum übergab er David, dem Sohn des Isai» (1Chr 10,13f). Das klingt sprachlich nicht besonders elegant, und auch sachlich wundert man sich, wie leicht hier jemand mit Saul und seinem tragischen Geschick fertig wird. Alles, was sonst im Ersten Buch Samuel über Saul zu erfahren ist, übergeht die Chronik. Warum? Wusste der Verfasser nichts darüber? Wollte er nichts davon wissen? Oder wusste er, dass seine Leserschaft es wusste – eben aus dem Ersten Buch Samuel?

In 1Chr 29,29 gibt der Chronist einen Hinweis auf die von ihm verwendete Quelle: «Und die Taten Davids, des Königs, die früheren und die späteren, sieh, sie stehen geschrieben in der Geschichte Samuels, des Sehers, und in der Geschichte Natans, des Propheten, und in der Geschichte Gads, des Sehers» (1Chr 29,29). Diese drei Gottesmänner sind uns aus den Samuelbüchern bekannt; offenbar meinte der Chronist, sie seien verantwortlich für die Niederschrift – eben der Samuelbücher. Aus *diesen* hat er demnach seine Informationen. Alles von ihm Ausgelassene kann der Leser, die Leserin leicht dort nachlesen.

Hielt der Chronist im Fall Sauls nur für nötig, seinen Tod mitzuteilen, so ist er bei David ungleich mitteilsamer. Nicht weniger als 19 Kapitel handeln von ihm (1Chr 11–29). In 1. und 2. Samuel sind es freilich noch mehr, nämlich grob gerechnet 36 (1Kön 1–2 mitgezählt sogar 38). Also hat der Chronist ausgewählt, und zwar noch stärker, als es zunächst den Anschein hat. Überschneidungen zwischen seinem und dem Vorgänger-Werk gibt es in neun Kapiteln. Die anderen zehn Kapitel der Chronik über David gehen über die Quelle hinaus. Im Einzelnen handelt es sich um eine Aufzählung von Kriegern, die sich in Ziklag (der philistäischen Lehensstadt) um David gesammelt haben sollen (1 Chr 12), um ein Psalmlied, das David anlässlich der Lade-Überführung habe dichten lassen (und das sich aus Stücken des biblischen Psalters zusammensetzt: 1 Chr 16) sowie um umfängliche Vorbereitungen für den Tempelbau, nämlich entsprechende Anweisungen an Salomo, die Einteilung von Priester- und Sänger- und Torwächtergilden, von Schatzmeistern, Beamten, Richtern (mit langen Namenslisten: 1 Chr 22–29) – kurzum: Nach der Chronik befasste sich David vor allem mit dem (künftigen) Tempelkult.

Als besonders sprechendes Beispiel seien hier die Kapitel 1 Chr 28–29 etwas näher vorgestellt. Der König versammelt alle Amtsträger seines Reichs und erklärt ihnen, warum nicht er selbst, sondern erst sein Sohn Salomo den Tempel errichten werde. Diesem übergibt er dann die Baupläne, eine Liste der Innenausstattung und eine Aufstellung der Kosten. Danach beruft er die «ganze Gemeinde» ein und teilt ihr mit, er stelle sein gesamtes Privatvermögen – 3000 Talente Gold und 7000 Talente Silber (das sind über 10 000 bzw. um 30 000 Kilogramm!) – für das fromme Werk zur Verfügung, woraufhin auch das Volk mit seinen Anführern reichlich spendet: 5000 Talente Gold, 10 000 Talente Silber, 18 000 Talente Kupfer, 100 000 Talente Eisen und dazu 10 000 Dareiken (die Goldmünzen der Perserzeit!). Das sind horrende Mengen bzw. Summen! Der Chronist schwelgt in gewaltigen Zahlen, David war in seinen Augen der ideale jüdische Herrscher.

Was dagegen in der Chronik völlig fehlt, ist erstens Davids langer, hindernisreicher und mit Fragwürdigkeiten gepflasterter Weg zur Macht, und sind zweitens all die Irrungen und Wirrungen, die mit den Namen Batseba und Absalom verbunden sind (2Sam 11–19). Eigentlich ist der David der Chronik König nur, um den Tempelbau in die Wege zu leiten! Diese Engführung hängt zusammen mit den Interessen des Chronisten und seinem Standort in der Geschichte: Er ist ein Vertreter der jüdischen Gemeinschaft, die sich im 4. und 3. Jahrhundert v. u. Z. um den (Zweiten) Tempel geschart hat, der «Bürger-Tempel-Gemeinde», wie sie in der Wissenschaft genannt wird. An einen eigenen Staat, an eigene Politik, an eigenes Militär usw. konnte sie gar nicht denken; das alles lag fest in persischer (und später in griechischer) Hand. Relative Autonomie besass sie allenfalls in der Religionsausübung – und entsprechend zeichnet die Chronik das Bild Davids. Dass es über das hinaus, was die Samuelbücher berichten, historischen Wert hat, ist von vornherein unwahrscheinlich. Immerhin liegt zwischen der Zeit Davids und der des Chronisten etwa ein Dreivierteljahrtausend.

Die Samuelbücher

Diese schriftliche Quelle über die frühe Königszeit kommt an die Ereignisse wesentlich näher heran – gemäss der Darstellung oben im Kapitel «Die Entstehung der Samuelbücher», rückwärts gerechnet, vom 4. über das 6. ins späte 8., in Teilen vielleicht sogar bis nahe ans 10. Jahrhundert. Doch die (relative) zeitliche Nähe ist noch kein Garant für historische Zuverlässigkeit. Selbst direkte Zeitzeugnisse müssen die Realität nicht exakt spiegeln, Augenzeugen können sich irren oder das Erlebte bewusst in ein bestimmtes Licht rücken. Im Gefolge griechischer und römischer Historiografie und aufgrund gewisser neuzeitlicher Ideale wird gern «Objektivität» als höchstes Ziel jeder Geschichtsdarstellung angegeben. Dabei sind alle Wahrnehmungen und Beschreibungen geschichtlicher Vorgänge unvermeidlich subjektiv. Gerade die biblischen Geschichtsschreiber machen daraus keinen Hehl. Sie sind unverkennbar zunächst Geschichtenerzähler. Zwar ist es gewiss ihre Absicht, die jeweilige Geschichtsepoche zutreffend abzubilden, doch scheuen sie sich nicht, sie zugleich zu deuten und ihre Bedeutung für die jeweilige Gegenwart hervorzuheben. Geschichte wird nicht um der Vergangenheit, sondern um der Gegenwart willen erzählt.

So auch in den Samuelbüchern. Um ein Beispiel zu nennen: Es scheint einen berühmt-berüchtigten philistäischen Vorkämpfer gegeben zu haben: Goliat aus Gat (wenn dieser Mann nicht schon die legendäre Personifikation des bedrohlichen westlichen Nachbarn ist). Es wurde erzählt, dass dieser schier unbezwingbare Hüne von einem Judäer bezwungen wurde: einem gewissen Elchanan aus Betlehem (2Sam 21,19). Dieser Stoff war so interessant, dass die Gestalt Davids ihn an sich zog, und zwar, wie es scheint, gleich in zwei Varianten (die vereint sind in 1Sam 17) – eine sekundäre Motivübertragung also. Hat demnach David Goliat gar nicht getötet? Nein, wahrscheinlich nicht. Doch geschichtliche Wahrheit ist mehr als historische Wirklichkeit. «Goliat» *wurde* besiegt, die hoch überlegenen Philister vermochten Israel nicht dauerhaft zu unterdrücken. Das «Prinzip Goliat», wonach der Stärkere immer recht hat und gewinnt, zerbrach. Dass einer, der «mit dem Namen Jhwh Zebaots» kommt, dem überlegen sein kann, der «mit Schwert und Speer und Krummschwert» kommt (1Sam 17,45): Das ist wahr!

Dieses Beispiel liefert zugleich Kriterien für die Unterscheidung von «historisch plausibel» und «historisch nicht plausibel». Die Erzählung 1Sam 17 ist fast überreich ausgeschmückt. Sie entspricht dem Ideal des heldenhaften, siegreichen Königs David. Und es gibt zu ihr eine Gegengeschichte von jenem Elchanan, mit entschieden kleineren Dimensionen. Im Umkehrschluss kann gelten: Der Grad historischer Zuverlässigkeit steigt in dem Mass, in dem Nachrichten und Berichte unideologisch wirken und unwidersprochen bleiben. Als weitere Regeln liessen sich benennen: Je mehr Zeit- und Lokalkolorit, je mehr konkrete Namen und detaillierte Angaben, desto höher die Plausibilität. Oder: Mit dem Abstand vom geschilderten Geschehen (geografisch und vor allem zeitlich) wächst in der Regel die historische Unschärfe. Oder: Je mehr direkte Figurenrede, desto höher der Grad an Fiktionalität; denn nur selten wird damals jemand Protokoll geführt haben. Oder: Je privater und geheimer das Setting, desto unüberprüfbarer der Inhalt.

Unternehmen wir mit dieser methodischen Ausrüstung einen Streifzug durch die Samuelbücher! Die Jugendgeschichte Samuels (1Sam 1–3) hat sehr viele Züge einer Heiligenlegende; vielleicht erreicht man mit dem Stammbaum Samuels (1,1) oder der Existenz eines Heiligtums in Schilo (vgl. Jer 26,6), evtl. auch einer dort agierenden Priesterdynastie Eli, einigermassen festen historischen Grund. Was die Ladegeschichte angeht, darf wohl als historisch gesichert gelten, dass es ein solches Kriegspalladium tatsächlich gab, dass es zeitweilig an die Philister verloren ging (1Sam 4), dass David sich seiner entsann und es im Triumph nach Jerusalem überführte (2Sam 6). Von Samuels Wirken lässt sich plausibel machen, dass er eine Art Volkstribun in einem umgrenzten Bereich Mittelpalästinas (1Sam 7,15) und als solcher an der Installation des ersten Königs beteiligt war. Von Saul bleibt einiges, wenn auch nicht sehr viel: seine Abstammung sowie seine Herkunft aus Gibea in Benjamin (1Sam 9,1; 22,6f), sein Sieg an der Spitze eines Milizheers mittelpalästinischer Stämme über eine ammonitische Streitmacht vor Jabesch in Gilead (1Sam 11), seine ständigen Kämpfe mit den Philistern (1Sam 13; 18; 31), gelegentliche Feldzüge im Süden Palästinas (1Sam 23; 24), der auf Mittelpalästina begrenzte Umfang seines Reichs (2Sam 2,9), seine stets gefährdete Autorität (1Sam 10,27; die Figur Davids), schliesslich wohl die meisten der Daten des Summariums in 1Sam 14,47–52.

Ungemein zahlreiche Informationen bieten die Samuelbücher über David, auch wenn viele von ihnen phantasievoll ausfabuliert und ideologisch eingefärbt sind (eben z. B. der Sieg über Goliat). Es gilt also: Je unprätentiöser die Nachricht, desto höher der Grad historischer Zuverlässigkeit. Etwa die trockenen Listen, auch viele der Anekdoten, die nicht von David, sondern von seinen Mitkämpfern handeln (siehe oben das Kapitel «Die Samuelbücher als Literatur»), können relativ hohe historische Wahrscheinlichkeit für sich beanspruchen. Glaubhaft ist, dass er aus dem judäischen Betlehem stammte, Sohn eines Kleinbauern war, sich in der Armee Sauls hochdiente, dann aber freier Milizenführer wurde und als solcher zu den Philistern wechselte, die Herrschaft zuerst über Juda und dann über Israel gewann, zu diesem Zweck die Herrschaft vielleicht Sauls, sicher aber von dessen Sohn und Nachfolger Eschbaal destabilisierte und dass er seinem Reich durch vielerlei Kriege eine halbwegs gesicherte Position im politischen und militärischen Kräftespiel der Levante zu schaffen vermochte. Viele seiner Untertanen werden ihn geachtet, manche verehrt, manche ihn aber auch verachtet oder gehasst haben, so dass er wiederholt mit Aufstandsbewegungen im Innern zu kämpfen hatte, jedoch im Amt relativ alt wurde, bis er die Macht mehr oder weniger freiwillig an Salomo übergab. Mit der nötigen

Umsicht und Vorsicht lässt sich mit gutem historischem Gewissen eine recht detail- und farbenreiche Vita Davids schreiben. In den Samuelbüchern wurde offenbar einiges Zutreffende über den Gründerkönig festgehalten – und doch auch sehr vieles hinzuerfunden, wohl auch freundlicher eingefärbt, als die historische Figur es verdient hätte. Insgesamt aber ist hier erkennbar viel Augenmass und sogar eine gewisse kritische Distanz gewahrt. So bieten die Samuelbücher kein pompöses Propagandabild Davids, sondern ein erstaunlich differenziertes Porträt.

4.   Historische Konturen

Die Situation in der südlichen Levante im 10. Jahrhundert

Die Handlung der Samuelbücher spielt weit überwiegend im palästinischen Bergland, zwischen Mittelmeerküste und Jordangraben. Die Hauptfiguren stammen aus Bergregionen: Samuel aus Efraim, Saul aus Benjamin, David aus Juda. Gelegentlich bewegen sie sich ins Ostjordanland, wo Völkerschaften wie Ammoniter oder Moabiter lebten, oder nach Westen, an die Mittelmeerküste, wo die Städte der Philister lagen. Ausserdem kommen noch die Phönizier im Nordwesten, die Aramäer im Nordosten, die Edomiter im Südosten und Nomadenstämme wie die Amalekiter im Süden in den Blick.

Im Bergland Palästinas kam es ab dem 12. Jahrhundert v. u. Z. zu einer förmlichen Siedlungswelle mit Dutzenden neugegründeter Dörfer und Städtchen. Es ist nicht ganz klar, woher die Siedler kamen: Waren es nomadisierende Gruppen, die sich in der Gegend schon länger bewegten, sich dann aber niederliessen und mehr und mehr Ackerbau betrieben? Waren es Aussiedler aus den städtisch besiedelten Ebenen Palästinas oder Einwanderer von anderswoher – oder vielleicht eine Mischung aus alledem? Jedenfalls bildete sich in den Bergen ein neuer und stetig wachsender Bevölkerungsschwerpunkt. Die Menschen dort lebten alle unter ähnlichen Bedingungen und fühlten sich von daher irgendwie zusammengehörig. So entstanden über die Familien und Sippen hinausgreifende gesellschaftliche Strukturen, «Stämme», die sich wiederum untereinander verwandt fühlten. Schon um 1200 taucht in der ägyptischen Merenptah-Stele der Name «Israel» (neben «Kanaan») auf; im fernen Nilland sah man also die Bergsiedler Palästinas als eine irgendwie zusammengehörige Grösse. Es bildete sich ein überregionales Wegenetz heraus, es gab Handelsbeziehungen, eine zunehmende Arbeitsteilung, vielleicht auch gemeinsame Beratungen, gelegentlich Konflikte, die mit oder ohne Gewalt bereinigt wurden; mitunter, wenn es Ansprüche oder Angriffe von aussen abzuwehren galt, kam es zum Schulterschluss mehrerer Stämme.

Die Stadtstaaten in den Ebenen besassen eine hierarchische Gesellschaftsstruktur. Die Bergbauern hingegen waren, wenn überhaupt, dann nicht vertikal, sondern horizontal organisiert, in Verwandtschaftssystemen, in denen alle Mitglieder im Prinzip gleichrangig waren, und das auf allen Ebenen: die Familienväter in der Sippe, die Sippen innerhalb des Stammes, die Stämme untereinander. Man nennt das eine «tribale» Struktur. Tribale Ordnungen herrschten offenbar auch bei den Völkerschaften östlich des Jordans. Solchen Stammesgesellschaften stellte sich über kurz oder lang die Frage, ob vertikale Strukturen, wie sie in den Städten herrschten, nicht von Vorteil wären: mit klaren Kompetenzen und direkten Befehlswegen, einer geschulten Administra-

tion, gebündelten militärischen Kräften, einem staatlich geordneten Wirtschafts-, Verkehrs- und Rechtswesen, womöglich einer
einigenden Ideologie oder Religion. Mit der Staatsbildung ging
die Elitenbildung einher: ein verlockender Aspekt für aufstiegs-
orientierte Menschen. Ihnen eröffnete sich die Möglichkeit, die
zumeist kargen Lebensbedingungen der Bergler und Dörfler hinter sich zu lassen und zu Wohlstand, Einfluss und Ehren zu gelangen.

Typischerweise entfalteten diese Aussichten ihre Attraktivität
zuerst im israelitischen Norden, wo es mehr Menschen und Ressourcen gab als im ärmlichen, nur schwach besiedelten Süden.
Bei den Stämmen Mittelpalästinas hatte es schon früher Versuche
zur Staatsbildung gegeben; als dann Saul kam, womöglich portiert von einem angesehenen Leader wie Samuel, war die Zeit reif.
Seine Machtmittel waren, wie gleich zu zeigen sein wird, noch
sehr beschränkt; vielleicht spräche man bei ihm besser noch gar
nicht von «Königtum», sondern von einem Stammesfürstentum
(englisch *chiefdom*). Der Süden hinkte dieser Entwicklung hin-
terher. Dort gab es nicht einmal eine feste Stammesstruktur; erst
unter David schlossen sich die einzelnen, z. T. noch nomadisie-
renden Gruppen zusammen – freilich sofort zu einem Königtum.
Als dieses sich in einer Personalunion mit dem viel grösseren
Norden verband, entstand eine doch recht ansehnliche Regional-
macht.

Diese Vorgänge konnten bei den Nachbarn nicht unbemerkt
bleiben. Namentlich die Philister im Westen, die bis dahin das
palästinische Bergland als ihr natürliches Hinterland betrachtet
und ausgenutzt hatten, wollten sich nicht damit abfinden, dass
sich dort eine neue, eigenständige Macht etablierte. Mit ihnen,
aber auch mit ostjordanischen Völkern, kam es immer wieder zu

kriegerischen Auseinandersetzungen, die Saul am Ende die Herrschaft und das Leben kosteten, während David sie erfolgreicher bestand.

Das Königtum Sauls

Saul war ein durchaus ehrenwerter Mann. Schön soll er gewesen sein und sehr gross (1Sam 9,2), bescheiden und doch durchsetzungsfähig, tapfer und geschickt. Der Volkstribun Samuel aus Rama soll ihn zum Königtum ausersehen und die Israeliten für ihn gewonnen haben (1Sam 9–10). Die Liaison von Samuel und Saul gehörte offenbar schon früh zum Narrativ des Saul'schen Königtums. Mindestens ebenso plausibel ist, dass ihn die Stammeskrieger nach einer siegreichen Schlacht auf den Schild hoben (1Sam 11). Das mag ihnen umso leichter gefallen sein, als der Stamm, dem er angehörte, einer der kleinsten, seine Machtbasis also sympathisch schmal war. Doch da begannen bereits die Probleme. Die anderen Stämme *konnten* auf ihn hören, aber zur Gefolgschaft zwingen konnte er sie nicht. Regelmässige Steuerabgaben liessen sie sich nicht auferlegen, also war für den Ausbau einer ernsthaften Residenz und den Aufbau einer kompetenten Verwaltung kein Geld da. Die stehende Truppe, auf die er jederzeit zugreifen konnte, war klein; die Milizarmee aus den Stämmen aber kam nur, wenn sie aufgeboten wurde (*falls* sie kam, vgl. 1Sam 11,7) und ging im Ernstfall rasch wieder von den Fahnen (vgl. 1Sam 13,6f). Wenn Untertanen gegen ihn aufbegehrten, hatte er kaum Mittel, sie gefügig zu machen; fast hilflos nahm er es hin, wenn ihm oppositionelle Gruppen oder seine Soldaten den Gehorsam versagten (vgl. 1Sam 10,27; 14,45; 22,17). Prominente Persönlichkeiten wie Samuel und David, der Oberpriester von Nob, Achimelech, und sogar seine eigenen Kinder sollen sich nicht (immer) nach seinen Wünschen gerichtet haben.

Die Samuelbücher erzählen viel davon, wie Saul sich des drohenden Autoritätsverlusts zu erwehren versuchte. Seinen Sohn Jonatan konnte er auch mit roher Gewalt nicht von seiner Zuneigung für David abbringen (1Sam 20), von der noch Davids Klage um ihn Zeugnis ablegt (2Sam 1,26). Seine Tochter Michal gab er zuerst David zur Frau, dann aber, als sie mehr zu ihrem Mann als zu ihrem Vater hielt, einem anderen Mann in die Ehe (1Sam 25,44). Jenen Oberpriester von Nob soll er samt Familie massakriert haben (1Sam 22,6–19), was historisch nicht nachprüfbar ist; immerhin aber scheint ein Spross dieses Priesterhauses namens Ebjatar bei David Dienst getan und ihn treulich begleitet zu haben, bis Salomo ihn kaltstellte (1Sam 22,10–23; 23,6; 2Sam 8,17; 15,24.35; 20,25; 1Kön 1,7; 2,26f). Sauls einstiger Mentor Samuel, heisst es, habe sich von ihm ab- und David zugewandt (1Sam 13,7b–15; 15; 16,1–13; 19,18–24; 28), wovon Letzteres historisch ganz unwahrscheinlich, Ersteres immerhin möglich ist; denn dass ein politischer und ein geistlicher Führer sich überwerfen, ist so selten nicht.

Anscheinend verfiel Saul in tiefe Depressionen und schwere Wahnvorstellungen. Anfangs soll ihm noch ein Musiktherapeut namens David wohlgetan haben (1Sam 16,14–23), doch zu heilen war das wunde Herz des Königs nicht. Im Gegenteil, bald schon witterte dieser in dem jungen Gefolgsmann den künftigen Rivalen und vertrieb ihn aus seiner Umgebung. Angeblich hatte er ihn vorher nicht nur zum Schwiegersohn, sondern zu einem hohen militärischen Führer gemacht (1Sam 18), doch könnten diese Mitteilungen dem Ruhm Davids geschuldet sein. Den im zerklüfteten Bergland Judas agierenden Bandenführer David soll

Saul mehrfach zu fassen und auszuschalten versucht haben (1 Sam 23–26). Das ist nicht unplausibel, zumal die siedlungsgeografischen Gegebenheiten, wie sie in den betreffenden Erzählungen aufscheinen, exakt dem archäologischen Bild dieser Gegend in dieser Zeit entsprechen. Ob allerdings der Jäger Saul dem Gejagten David in die Hände fiel und verschont wurde, und dies gleich zweimal, scheint eher zweifelhaft; Ehrenvolleres liess sich von David ja kaum erzählen.

Dass Saul schliesslich, im Norden seines Herrschaftsgebiets, im Kampf gegen ein Koalitionsheer der Philisterstädte gefallen ist, mit dreien seiner Söhne an seiner Seite, daran ist historisch nicht zu zweifeln (1 Sam 31). Auch dass es danach – wenig erfolgreiche – Versuche seiner Familie gab, sein Erbe weiterzuführen (2 Sam 2–4), ist ohne Weiteres glaubhaft. Insgesamt war das saulidische Königtum ein Experiment und eine kurze Episode in der Geschichte Israels. Und doch war es faktisch der Grundstein eines Königreichs, das mehrere Jahrhunderte existieren sollte. Vorerst freilich wurden, dank der Schlauheit und dem Durchsetzungsvermögen Davids, seine Geschicke von Jerusalem aus gelenkt.

Das Königtum Davids

David war es nicht an der Wiege gesungen, dass er einmal König würde. Er stammte aus dem unbedeutenden Dorf Betlehem und war der Sohn eines Kleinbauern, angeblich der achte und letzte: eine denkbar schlechte Ausgangslage für eine Karriere. Doch dieser Nobody verstand es anscheinend, traumwandlerisch sicher aufzusteigen. Der erste Schritt war der Eintritt in Sauls Berufsarmee. Vielleicht war er ein besonders tüchtiger Soldat. Womöglich versuchte er sich auch als Musiktherapeut des Königs. Doch er war nicht der Mann, der sich gern ein- oder unterordnete. Wohl noch in jungen Jahren wurde er zum Bandenführer in seiner judäischen Heimat, die noch ganz ohne staatliche Strukturen war. In anarchischen Situationen haben oft Warlords das Sagen. David stützte sich zunächst auf seine Familie, dazu auf sozial randständige Gruppen (1Sam 22,1f), bald auch auf Söldner von nah und fern (2Sam 23,24–39). Es waren verwegene Kerle, die für ihn manche Kastanien aus dem Feuer holten (2Sam 21,15–21; 23,8–23). Ihren Unterhalt bestritten sie, indem sie Bauern und Viehzüchtern Schutz anboten (und womöglich Schutzgeld abpressten: 1Sam 23,1–13; 25).

Nachdem David sich mit seiner Truppe einen entsprechenden Ruf erworben hatte, nahm ihn der Stadtkönig von Gat, angeblich mit Namen Achisch, in Dienst. (Das würde nicht erzählt, wenn es nicht wahr wäre – und es wird gestützt durch die Tatsache, dass Gat ab 825 v. u. Z. faktisch nicht mehr existierte.) David erhielt ein weit südlich gelegenes Grenzstädtchen – Ziklag, dessen Lage bis heute nicht sicher geklärt ist – zum Lehen (1Sam 27). Dies war die Basis für diverse Raubzüge in die Umgebung: das Metier, auf das sich die Bande verstand. Angeblich musste David in die finale Schlacht gegen Sauls Israel nicht mitziehen (1Sam 29). Es wäre allerdings nicht verwunderlich, wenn er gleichwohl dabei gewesen wäre. Freilich wäre die Nachricht darüber verloren gegangen – kein Wunder, wo sie seinem Image als späterer König Israels doch sehr geschadet hätte.

Nach knapp eineinhalb Jahren (1Sam 27,7) zog David aus Ziklag ab und setzte sich in Hebron fest, dem Vorort der Landschaft Juda (2Sam 2,1f). Möglicherweise war sein Lehnsherr in Gat mit diesem Schritt einverstanden, vergrösserte sich so doch die Macht seines Vasallen und damit die Bedrohung des Hauptgegners, Israel. Davids Miliz (mit Frauen und Kindern) fand in Hebron nicht vollzählig Platz und verteilte sich über die Dörfer der Umgebung (2Sam 2,3). Dass dann bald die «Männer Judas» kamen und ihn zum König salbten (2Sam 2,4), muss durchaus nicht ganz freiwillig geschehen sein. Siebeneinhalb Jahre war David König in Hebron (2Sam 5,5). Gut möglich, dass zu Beginn dieser Zeit in Israel Saul noch regierte. Ob er oder Eschbaal: Das neugegründete Königreich Juda stellte eine ernsthafte Gefahr für das Königreich Israel dar. Anscheinend lieferten sich die Truppen beider Seiten Kämpfe im Grenzgebiet (2Sam 2,12–32) – was den Philistern nur recht gewesen sein kann.

Dann trafen Israel zwei schwere Schläge: Seine beiden Führungsfiguren, der Heerführer Abner und der König Eschbaal, fielen Attentaten zum Opfer (2Sam 3–4). Das eine ging offen auf das Konto von Davids Heerführer Joab (seinem Neffen), das andere verübten israelitische Offiziere. Beide Male soll David von nichts gewusst, sondern im Gegenteil höchst empört gewesen sein. Man möchte sich wünschen, so sei es gewesen. Möge es auch wahr sein, dass David einen körperbehinderten Saulnachkommen am Leben liess (2Sam 9)! Anderen Nachrichten zufolge hat er das Haus Sauls rücksichtslos dezimiert (2Sam 16,7f; 21,1–14).

Ihrer Anführer beraubt, hielten es die Ältesten Israels für das Klügste, David die Königsherrschaft anzutragen. Anders als die Judäer verlangten sie aber den Abschluss eines Königsvertrages, in dem Rechte und Pflichten beider Seiten festgeschrieben gewesen sein dürften – was später zu Aufständen gegen David führte (2Sam 5,3). Dessen erste Tat als Herr eines Doppelkönigtums war es, sich den zwischen beiden Reichsteilen liegenden Stadtstaat Jerusalem anzueignen (2Sam 5,6–8). Möglicherweise hat er im Zug der Verlegung seiner Residenz nach Jerusalem dort einige bauliche Massnahmen getroffen (2Sam 5,11). Zum grossen Städtebauer wurde er aber nicht. Ganz sicher errichtete David keinen Jhwh-Tempel in Jerusalem; das wäre unweigerlich berichtet worden, doch diesen Ruhmestitel erwarb erst Salomo. Auch die Erzählung von der Auffindung und dem Ankauf des künftigen Tempelplatzes durch David (2Sam 24) wirkt reichlich legendenhaft. Dass er aber die heilige Lade, einen israelitischen Kultgegenstand des Gottes Jhwh, nach Jerusalem holte und ihr dort einen Platz in einem Zelt (!) gab (2Sam 6), ist vollkommen einleuchtend; da Jhwh auch sein und seiner Familie persönlicher Gott war, legte er so ein einigendes religiöses Band über die Reichsteile. Die Dynastieweissagung Natans (2Sam 7) entspricht zu sehr damaliger Herrscherideologie, als dass man ihr historischen Wert beimessen dürfte. Vermutlich war David auch kriegerisch nicht so glänzend erfolgreich, wie es eine lange Auflistung errungener Siege glauben machen möchte (2Sam 8,1–15; auch 2Sam 10 + 12,26–30). Jedenfalls die Philisterstädte hat er nicht unterworfen; mit ihnen einigte er sich schiedlich-friedlich – ebenso vermutlich mit den Aramäern. Die kleineren ostjordanischen Völker scheint er zu Vasallen Israels gemacht zu haben. Glaubwürdig ist auch eine Liste von Spitzenbeamten Davids (2Sam 8,16–18; 20,23–26); offenbar hat er eine, wenn wohl auch noch rudimentäre, Verwaltung aufgebaut.

Bleibt der grosse Schluss der Davidüberlieferungen, die «Familiengeschichte» in 2Sam 9–19 (bzw. 20). Erhebliche historische Wahrscheinlichkeit haben die Nachrichten über Skandale im Königshaus, weil sie dessen Image abträglich sind: Ehebruch und Mord, begangen vom König, Vergewaltigung und Mord unter den Königskindern (2Sam 11; 13). Auch die Erzählung von dem

Putschversuch Absaloms sowie die daran anschliessende vom Scheba-Aufstand (2Sam 15–18; 20) dürften im Kern historisch zutreffen; denn schwerlich hätte man von David solches erzählt, wäre es ihm nicht widerfahren. Sehr viele Einzelheiten indes, insbesondere ausführliche Dialoge, verraten die Ausschmückungsgabe der Erzähler.

Davids Reich war ein flickenteppichartiges Klientel-System, in dem alle möglichen Städte und Regionen, Sippen und Stämme, Orte und Familien ihre je eigenen Beziehungen zu ihm unterhielten, womit er offenbar geschickt zu jonglieren verstand. Ein Mittel dabei waren seine zahlreichen Frauen, die er sicher nicht zuletzt nach politischen Gesichtspunkten wählte. Seine Familie war vielköpfig. Er hatte (mindestens) 17 Söhne, Fundus einer kraftvollen Dynastie, dazu wohl ebenso viele Töchter, willkommene Mittel einer gezielten Heiratspolitik.

Am Ende gelang mit knapper Not noch eine halbwegs geordnete Machtübergabe an den Nachfolger, Salomo (1Kön 1–2). Dieser war nur der erste einer über Jahrhunderte anhaltenden Folge davidischer Könige – eine Tatsache, die das Bewusstsein Judas tief geprägt und noch lange nach dem Untergang des Königreichs in Gestalt messianischer Hoffnungen nachgewirkt hat. Messias bedeutet «Gesalbter», und man erwartete das Kommen eines solchen «aus dem Haus und Geschlecht Davids» (Lk 2,4.)

Aus der Rezeptionsgeschichte
der Samuelbücher

In diesem Kapitel sollen einige Schlaglichter auf die Wirkungsgeschichte der Samuelbücher geworfen werden. Diese ist ausser-
ordentlich vielfältig und vielfarbig. Sie setzt schon in der Bibel
selbst ein und ist bis heute nicht beendet. Die folgenden Aus-
führungen untergliedern sich in sechs Epochen: biblische Zeit,
Antike, Mittelalter, Reformationszeit, Barock und Neuzeit. Es
fällt ins Auge (und ist historisch ja plausibel), dass mit der Zeit
immer mehr die bildende Kunst in den Vordergrund tritt, doch
bleiben bis zum Schluss auch Textbeispiele präsent. Die Unterka-
pitel 4 bis 6 werden eröffnet durch Rezeptionen eines bestimmten Texts: der Musiktheraphie Davids an Saul (1Sam 16,14–24).
Sie hat begreiflicherweise die Ausleger und die Künstler ganz
besonders fasziniert. Doch soll danach jeweils die ganze Breite der
Samuelbücher in den Blick kommen. Das entstehende Gesamt-
bild spiegelt nicht nur den Empfindungs- und Erfindungsreich-
tum der späteren Interpreten, sondern auch den unerschöpfli-
chen Facettenreichtum der Samuelbücher selbst.

1. Bibel

Die (Nicht-)Rezeption von Eli, Saul und Samuel

Personen und Themen der Samuelbücher werden in den übrigen
Büchern der Bibel äusserst selektiv wahrgenommen. Die Figur
Elis etwa wird nirgendwo aufgegriffen, die Sauls (bzw. nur die
Geschichte seines Tods) einzig in 1Chr 10; davon war oben die
Rede. Anscheinend waren Eli und Saul keine Gestalten, denen
die biblischen Zeugen ein ehrendes Andenken bewahren wollten
(was nur sehr bedingt gerecht ist).

Etwas anders ist es mit Samuel. Er taucht an einigen Stellen in
der Bibel wieder auf. In Jer 15,1 und Ps 99,6 erscheint er als
vorbildlicher Beter. Hohe Wertschätzung zeigt seine Beschrei-
bung im «Lob der Väter» des Jesus Sirach, eines jüdischen Weisen
des 2. Jahrhunderts v. u. Z.: Er sei ein unbestechlicher religiöser
Führer und anerkannter Prophet gewesen, habe die Philister
besiegt, das Königtum begründet, aber noch aus dem Totenreich
heraus Saul sein bevorstehendes Ende angesagt (Sir 46,13–20).
Samuel ist auch im Neuen Testament präsent: in Hebr 11,32 als
einer von vielen grossen Glaubenshelden Israels, in Apg 3,24, als
ein Prophet, der das Kommen Jesu Christi angekündigt habe.

Die Davidrezeption

Die zentrale Figur in der innerbiblischen Rezeption der Samuelbücher ist David. Er ist in fast allen grossen Literaturbereichen
der Bibel präsent.

Auf die *Chronikbücher* ist nicht noch einmal einzugehen; ihre
Daviddarstellung ist im voranstehenden Kapitel bedacht.

Die 150 Psalmen des *Psalters* sind aus einer Reihe von Sammlungen zusammengesetzt, darunter nicht weniger als fünf «Davidpsalter»: 3–41, 51–72 (ohne 66; 67; 71); 101–103; 108–110; 138–145. Insgesamt tragen 73 Psalmen in ihrer Überschrift den Namen «David». Meist steht da nur die knappe Bemerkung *l⁰dawid*, die herkömmlich übersetzt wird mit «von David», die aber eigentlich bedeutet «dem David» oder «für David» oder «zu beziehen auf David», will sagen: Lies diesen Psalm *mit Blick auf* den grossen König. Dreizehn Psalmen werden allerdings ausdrücklich mit Szenen aus den Samuelbüchern verbunden, hier also wird David dezidiert als Autor beansprucht: Ps 3 nimmt Bezug auf 2Sam 15, Ps 7 auf 2Sam 16,5ff/18,31ff (?), Ps 18 auf 2Sam 7,1, Ps 34 auf 1Sam 21,11–16, Ps 51 auf 2Sam 12, Ps 52 auf 1Sam 21,8/22,9f, Ps 54 auf 1Sam 23,19f, Ps 57 auf 1Sam 22,1, Ps 59 auf 1Sam 19,11, Ps 60 auf 2Sam 8,3ff, Ps 63 auf 1Sam 22,5/23,14 und Ps 142 auf 1Sam 22,1. Zweierlei fällt an der Liste ins Auge: auf der Seite der Samuelstellen (wenn man sie einmal nachliest) eine Konzentration auf Situationen der Verfolgung und Gefährdung Davids, auf der Seite der Psalmen eine Konzentration im Bereich von Ps 51–63. Dies ist der zweite Davidpsalter, und in ihm dominieren Lieder mit einem düster-klagenden Grundton. So wird bei der «Davidisierung» des Psalters ein auffälliger Zug der Samuelbücher aufgenommen: Auch dort ist David nicht immer siegreich und fehlerlos.

In dem schon erwähnten «Lob der Väter» des *Jesus Sirach* gilt ein längerer Abschnitt dem König David (Sir 47,2–11). Als jugendlicher Held «spielte» er mit Löwen und Bären – und erlegte den Riesen Goliat, wozu ihm «der Herr, der Allerhöchste» die Kraft gab. Das Volk jubelte ihm zu und erhob ihn zum König.

Als solcher setzte er seine militärischen Erfolge fort: Er «zerstörte ringsum die Feinde», allen voran die Philister. «Bei jedem seiner Werke sagte er Dank dem Heiligen, dem Höchsten, mit einem Wort der Preisung. Er sagte ihm Lob mit seinem ganzen Herzen und liebte den, der ihn gemachte hatte» (Sir 47,8). David sang nicht nur selbst, er initiierte und förderte auch die Tempelmusik und «verlieh den Festen Glanz». In einer ganz kleinen Anspielung kommt auch seine Fehlbarkeit zum Vorschein – aber als schon vergebene: «Der Herr nahm seine Sünden weg». Am Schluss steht der Davidbund, die Davidverheissung: Gott «erhöhte auf ewig sein Horn» (d. h., er gab ihm Macht; vgl. 1Sam 2,10 und 2Sam 7,16).

In den *Prophetenbüchern* steht eindeutig der Gedanke der Daviddynastie im Vordergrund: einerseits als historische Realität, andererseits als erhoffte Zukunft.

– Im Buch *Jeremia* wird eine Sammlung von Königssprüchen eingeleitet mit Gottes Auftrag an den Propheten, zum Haus des Königs zu gehen und zu sagen: «Höre das Wort Jhwhs, König von Juda, der du auf dem Thron David sitzt» (Jer 22,2). Wenn dieses Wort gehört werde, sollten weiterhin Könige, «die auf dem Thron Davids sitzen», durch das Tor des Palasts einziehen – andernfalls werde dieser zerstört (Jer 22,4f; vgl. 17,25–27). Einzelne Könige bedroht Jeremia damit, sie würden keinen hervorbringen, «der auf dem Thron Davids sitzt» (Jer 22,30; 36,30). Doch andere, Jeremia zugeschriebene Worte pochen darauf, dass Jhwhs «Bund mit David» nie zerbrechen wird (Jer 33,22) und dass Jhwh am Ende der Tage aus dem Haus Davids einen neuen «Spross der Gerechtigkeit» hervorgehen lässt (Jer 33,15; vgl. auch 22,5).

– Auch *Jesaja* setzt ein bei der realen Erfahrung der Davididen-
herrscher in Jerusalem. Einen von ihnen, Achas (742–725),
ermahnt er in einer politischen Krisensituation: «Glaubt ihr
nicht, so bleibt ihr nicht» (Jes 7,9). «Glauben» und «Bleiben»
bilden ein Wortspiel, das auf Natans Verheissung eines «blei-
benden» Hauses Davids (2Sam 7,16) anspielt. Als Achas
nicht auf Jesaja hören will, kündigt dieser die Geburt eines
neuen Davididen an, der Immanuel («Gott mit uns») heissen
soll (Jes 7,14). Hier kann man dem Umschlag von der realen
Daviderfahrung in die eschatologische Davidhoffnung zuse-
hen. Berühmt sind die grossen Messias-Verheissungen
Jes 8,23 – 9,6 und 11,1–9, die wohl nicht vom ‹echten› Jesaja
stammen. Der sogenannte Deuterojesaja teilt der Exils-
gemeinde mit: «Ich will einen ewigen Bund mit euch schliessen, die unverbrüchlichen Gnadenerweise für David»
(Jes 55,3). Hier tritt das Gottesvolk in den Davidbund ein,
dieser wird sozusagen demokratisiert.

– An die Unheilsprophetie des *Amos*, der einst den Untergang
des Staats Israel ansagte, hat zur Exilszeit ein Ergänzer diese
Verheissung angefügt: «An jenem Tag richte ich die verfallene
Hütte Davids auf, und ihre Risse werde ich vermauern, und
ihre Trümmer richte ich auf, und ich werde sie bauen wie in
früheren Tagen» (Am 9,11; in Apg 15,16 wird dieses Prophe-
tenwort aufgenommen und auf den Aufbau der Christen-
gemeinde gedeutet.)

– Der Exilsprophet *Ezechiel* rechnet in einer langen Bildrede
mit den «Hirten Israels» ab (eine beliebte Metapher für die
Könige), die, statt ihre Herde zu hüten, sie ausgebeutet und
zugrunde gerichtet hätten. Jetzt aber wolle Gott einen neuen
Anfang machen: «Ich werde einen einzigen Hirten für sie auf-

treten lassen, […] meinen Diener David, er wird sie weiden, und der wird ihnen Hirt sein. Und ich, Jhwh, werde ihnen Gott sein, und mein Diener David wird Fürst sein in ihrer Mitte» (Ez 34,23f). Das ist nicht mehr der «alte», sondern ein *neuer*, eschatologischer David.

– Schliesslich der nachexilische Prophet *Sacharja* – bzw. in Sach 9–14 noch jüngere Autoren, die in seinem Namen schreiben: «An jenem Tag wird Jhwh den beschirmen, der in Jerusalem wohnt, und wer von ihnen strauchelt, wird an jenem Tag sein wie David, und die vom Haus David werden Gott ähnlich sein, wie der Bote Jhwhs vor ihnen» (Sach 12,8). Wie bei Deuterojesaja, so ist auch hier eine Demokratisierung der Davidtradition spürbar: Noch der schwächste Jerusalemer wird dem grossen König gleich sein; dem Königsgeschlecht selbst werden geradezu übermenschliche Qualitäten zugesprochen.

Die Geschichte der Davidrezeption setzt sich fort im Neuen Testament.

– In den *synoptischen Evangelien* spielt das Davidthema eine wesentliche Rolle. Lukas legt grossen Wert darauf, dass Josef «aus dem Haus und Geschlecht Davids» war und sich deshalb zur Steuerschätzung nach Betlehem, der «Stadt Davids», begab (Lk 2,4). Jesu Geburt im Stall von Betlehem wird so zur Geburt eines Davidsohns. Matthäus sucht die Davidsohnschaft Jesu durch einen Stammbaum zu erweisen, den er mit dem Satz überschreibt: «Stammbaum Jesu Christi, des Sohnes Davids, des Sohnes Abrahams» (Mt 1,1). Die Idee, Jesus sei ein Nachkomme Davids, kollidiert freilich mit einem anderen Versuch, ihm eine aussergewöhnliche Abkunft zuzuschreiben:

der Zeugung durch den Heiligen Geist und der Geburt durch die Jungfrau Maria (Lk 1,34; Mt 1.18.23), die ihn faktisch zum *Gottes*sohn macht. In der Verkündigung des Engels an Maria, wie Lukas sie erzählt, werden die beiden Motivstränge verbunden: Der Sohn, den sie gebären soll, «wird gross sein und ein Sohn des Höchsten (!) genannt werden, und Gott, der Herr, wird ihm den Thron seines Vaters David (!) geben» (Lk 1,31f). In den Evangelienerzählungen trägt Jesus immer wieder den Titel «Sohn Davids». Wiederholt rufen ihn Hilfsbedürftige an: «Jesus, Sohn Davids hab Erbarmen!» (Mt 9,27; 15,22; 20,30; Mk 10,47f; Lk 18,38f). Beim Einzug in Jerusalem ruft die Menge enthusiastisch: «Hosanna dem Sohn Davids!» (Mt 21,9); das bedeutet eigentlich: «Hilf doch, Sohn Davids», hat sich aber vom Hilferuf zum Jubelruf gewandelt.

–   Der Evangelist *Johannes* folgt dieser Linie nicht. Er lässt jüdische Autoritäten die Messianität Jesu mit dem Argument bestreiten, dass der Messias aus Betlehem zu kommen habe – und nicht aus Galiläa (Joh 7,42). Offenbar ist da die Geburtsgeschichte Jesu nicht bekannt (oder nicht von Belang). Johannes irritiert das nicht. Er verwendet das Motiv der Davidsohnschaft überhaupt nicht; für ihn ist Jesus der «Sohn des Vaters», d. h. der Sohn Gottes, das genügt. Interessanterweise berührt sich diese Auffassung mit derjenigen Jesu. Dieser soll einmal jüdischen Fachleuten auseinandergesetzt haben, dass der Messias gar kein Davidsohn sein müsse (Mk 12,35f; vgl. Mt 22,41–45; Lk 21,41–44).

–   *Paulus* schreibt im Präskript zu seinem Römerbrief, Gott habe ihn beauftragt, das Evangelium zu verkündigen: «das Evangelium von seinem Sohn (!), der nach dem Fleisch aus dem Samen Davids (!) stammt» (Röm 1,3).

- Laut der *Apostelgeschichte* bezieht sich Petrus gegenüber einer jüdischen Zuhörerschaft intensiv auf David: Dieser habe in Ps 16,8–11 nicht weniger als die Auferstehung Christi vorhergesagt.
- Gemäss der *Offenbarung* wurde David ein Schlüssel anvertraut, der so öffnet, dass niemand mehr schliessen, und so schliesst, dass niemand mehr öffnen kann (Offb 3,7). Ist dieser David, der über den Zugang zur himmlischen Welt bestimmt, eins mit dem Davidsohn, Christus?

Besonderer Erwähnung wert ist noch das *Magnifikat* der Maria, das in grossartiger Weise das Lied Hannas, der Mutter Samuels, aufnimmt (vgl. Lk 1,46–55 mit 1Sam 2,1–10). Die beiden Frauen bejubeln nicht nur ihre unerwartete Mutterschaft, sondern die ihnen von Gott unverhofft geschenkte Kraft sowie Gottes unbegrenzte Macht zum Retten. Beide besingen den von Gott bewirkten Umsturz der Verhältnisse: Hungrige werden satt, Satte gehen leer aus; Niedere werden aus dem Schmutz erhoben, Mächtige von ihren Thronen geholt. Bei Hanna geschieht indes noch einiges mehr: Strauchelnde siegen über Bogenschützen, Unfruchtbare über Kinderreiche; Gott tötet und macht lebendig. Dafür zeigt sich Maria vor Gott demütiger, sie hebt stark dessen Barmherzigkeit hervor. Hanna setzt sich mit Gegnern auseinander, Maria sieht solche nicht. Anders als Maria spricht Hanna abschliessend von der Stärke des Königs (den ihr Sohn salben wird), dafür wird Maria Christus, «den Gesalbten», gebären. Es ist von kaum auszuschöpfender Symbolik, dass im Alten wie im Neuen Testament zwei Frauen mit ihren sanft-revolutionären Liedern eine neue Epoche der Heilsgeschichte eröffnen.

2. Antike

Jüdische Schriftsteller

Der um die Zeitenwende vermutlich in Judäa entstandene
«Liber Antiquitatum Biblicarum» (= LAB) eines Verfassers, den
man aus Verlegenheit *Pseudo-Philo* nennt, erzählt – in lateini-
scher, ursprünglich aber wohl in griechischer und/oder hebräischer Sprache – die biblische Geschichte von der Schöpfung bis
König Saul. Vom Geist dieser Nacherzählung wird einiges in der
Nachgestaltung des Hannalieds durch Pseudo-Philo sichtbar
(1Sam 2,1–10; LAB 51,3–6). Da fordert Hanna, mittlerweile
stolze Mutter, ihre Brüste auf, zu «träufeln», damit der Prophet
gestillt werde, der «das Volk durch seine Worte erleuchtet» und
«den Völkern die Zeiten aufzeigt». Sie selbst werde so reden, «dass
aus mir hervorgeht die Ordnung des Herrn und dass die Menschen die Wahrheit finden». «Erfreut euch am Lobpreis», ruft sie,
«bis das Licht aufgeht und daraus Weisheit geboren wird». «Die
Ungerechten nämlich leben in dieser Weltzeit, doch er [Gott]
macht lebendig die Gerechten, wann er will, die Ungerechten
aber verschliesst er in Finsternis. Den Gerechten behält er sein
Licht vor, doch die Ungerechten, wenn sie tot sind, werden
untergehen. Aber die Gerechten werden, wenn sie entschlafen,
befreit. So wird das Gericht über alle weitergehen, bis der offenbar wird, der bleibt. Sprich, sprich, Anna, lobpreise, Tochter
Batuels, ob der wunderbaren Dinge, die der Herr an dir getan
hat!» Der Verfasser und seine Leserschaft fühlen sich offenbar
einer kleinen Gemeinschaft Erleuchteter zugehörig, die ihr Wissen um «Gerechtigkeit» und «Licht» und «ewiges Leben» auch aus
den Samuelbüchern beziehen.

Von ganz anderer Prägung ist der Historienschreiber *Josephus Flavius* (1. Jahrhundert u. Z.). Er hat keine fromm-sektiererischen Neigungen, sondern vertritt eine Art «römischer Aufklärung». Er ist Grenzgänger zwischen der jüdischen und der römischen Welt, das zeigt schon sein doppelter Name: «Joseph» ist jüdisch, «Flavius» verweist auf das Kaiserhaus der Flavier, dem Josephus – als Offizier und als Schriftsteller – gedient hat. In seinem Werk «Antiquitates Iudaicae» (Jüdische Altertümer = Ant.) versucht er, römischen Lesern die Welt des Judentums nahezubringen, indem er – ähnlich wie Pseudo-Philo und doch ganz anders – aus biblischen Quellen die Geschichte des jüdischen Volks nacherzählt. Einige Beispiele mögen seine Geistesart beleuchten.

Josephus ist ein Mann von Stil und Vernunft. Wenn etwa die Israeliten glauben, sie müssten einen Krieg gewinnen, nur weil sie die heilige Lade bei sich haben (1Sam 4,3–5), bemerkt er: «Sie dachten jedoch nicht daran, dass der, welcher ihr Unglück beschlossen hatte, mächtiger sei als die Lade, die ja nur um seinetwillen verehrt werden musste» (Ant. 5.353)! Ihm behagt nicht, dass Samuel wie ein Zauberer ein Gewitter heraufbeschworen haben soll (1Sam 12,17f); nach ihm brachte Gott das Gewitter, nicht Samuel (Ant. 6.92). Wenn Natan David nach dessen Ehebruch mit Batseba eine Geschichte erzählt, der zufolge ein armer Mann einzig ein kleines Schaf besass, das «in seinem Schoss lag» (2Sam 12,3), dann lässt Josephus das lieber weg (Ant 7.149), wohl weil er sexuelle Konnotationen befürchtet. Den König Saul sucht er zu einem der frühen Helden Israels aufzuwerten. Dass er sich, eben vom Los gekürt, versteckt (1Sam 10,21), sei ein Zeichen von «Mässigung und Bescheidenheit»; ihm lag nicht daran, «sich der neuen Würde zu rühmen […], während die meisten

Menschen schon dann, wenn ihnen ein kleines Glück zuteilwird, sich kaum vor Freude halten können» (Ant. 6.4). Von der finalen Philisterschlacht berichtet Josephus nicht nur das traurige Ende (1Sam 31,3f), nein, er lässt Saul zuvor kämpfen wie einen Löwen, die gesamte Schlachtreihe des Feinds auf sich ziehen und zahlreiche Philister niederstrecken, bis er schliesslich eingekreist und auf den Tod verwundet wird (Ant. 6.368f).

David stellt Josephus noch strahlender dar als die Bibel. Als Brautgabe für Michal hat er Saul nicht etwa 200 Philistervorhäute abgeliefert (das wäre degoutant: 1Sam 18,27), es waren 600 Philisterköpfe (Ant. 6.197f, 201, 203). Den Mord an General Abner (2Sam 3,28f) verurteilt David aufs Schärfste, weil ihm zuwider ist, dass Menschen für ihr eigenes Fortkommen über Leichen gehen und einmal errungene Positionen mit übelsten Mitteln verteidigen (Ant. 7.37f). Die beiden Mörder von Sauls Nachfolger Eschbaal lässt er nicht von seiner Leibwache hinrichten (2Sam 4,12), nein, er persönlich malträtiert und liquidiert sie (Ant. 7.52) – so zuwider ist ihm Meuchelmord! Im eben eroberten Jerusalem hat er nicht nur für sich einen Palast gebaut (2Sam 5,11), sondern die Stadt beträchtlich erweitert und neu befestigt (Ant. 7.67–69). Im Tal Refaïm hat er nicht nur die Philister besiegt (2Sam 5,17–25), sondern die Syrer und Phönizier gleich mit (Ant. 7.74). Der schönen Batseba konnte er nicht widerstehen (2Sam 11), weil das kein Mann konnte (Ant. 7.130) – ausser ihrem eigenen, der sich wenig für sie interessierte (Ant. 7.134); und als der Fehltritt geschehen war, bereute David nicht nur mit einem Sätzchen (2Sam 12,13), sondern verzweifelt und unter Tränen (Ant. 7.153).

Der Prinzessin Michal verleiht Josephus menschlich-gewinnende Züge. Wie wurden Sauls Diener dessen gewahr, dass sie

David «liebte» (1 Sam 18,20)? Nun, sie war noch eine Jungfrau und unerfahren in der Liebe, so dass ihre Gefühle sie überwältigten und sie nicht an sich halten konnte (Ant. 6.196f). Ihrem neu angetrauten Mann David rettete sie unter Gefahr für sich selbst das Leben (1 Sam 19,11–16), weil sie ohne ihn nicht hätte weiterleben wollen (Ant. 6.125). Am Ende ihrer Beziehung, nach der Ladeprozession, trat sie ihm nicht mit harten Vorwürfen entgegen (2 Sam 6,20), sondern gratulierte ihm zuerst höflich und wünschte ihm, Gott möge sein frommes Tun vergelten – um ihm dann behutsam zu erklären, dass er sich vielleicht nicht ganz königlich benommen habe.

Geradezu liebevoll gestaltet Josephus das Bild der Totenbeschwörerin von 1 Sam 28 (Ant. 6.340–342). Sie, eine wegen ihres Berufs allseits verachtete Frau, brachte dem König viel Menschlichkeit entgegen: Sie «hatte Mitleid mit ihm, tröstete ihn, ermahnte ihn, die lang entbehrte Speise zu sich zu nehmen, und teilte ihm alles, was sie in ihrer Armut besass, reichlich und gerne mit»; man könne ihr nur nacheifern darin, «alle Notleidenden zu unterstützen und nichts für vortrefflicher, dem Menschen geziemender und Gott wohlgefälliger zu halten». Die oft verfemte «Hexe von Endor» als Vorbild an Mitmenschlichkeit!

Talmud

Der Talmud, dieses jüdische Traditionswerk, das vom 2. bis ins 8. Jahrhundert u. Z. entstanden bzw. gewachsen ist, ist kein Bibelkommentar in der Reihenfolge der biblischen Schriften. Doch enthält er in über 60 Traktaten Meinungen und Diskussionen jüdischer Gelehrter, in denen es um die zeitgemässe Auslegung der Tora und die Regelung jüdischen Lebens und Denkens geht. Die Gelehrten stützen sich immer wieder auf biblische Belege, wobei sie viel Scharfsinn und hohe Kreativität entwickeln. Hier einige m. E. besonders signifikante Beispiele für ihren Umgang mit den Samuelbüchern. (Wörtliche Zitate nach dem Jerusalemer Talmud; in Klammern die gängigen Abkürzungen der jeweiligen Traktate.)

– *1Sam 1,13*: Als Hanna betete, «redete sie in ihrem Herzen, nur ihre Lippen bewegten sich, ihre Stimme aber war nicht zu hören». Die Rabbinen leiteten daraus ab, dass Beten «eine Gedanken-Konzentration erfordert», «dass man das Gebet leise mit den Lippen sprechen» und «seine Stimme nicht erheben soll, um (laut) zu beten» (Ber 7a). «Der Heilige, er sei gepriesen, aber hörte ihr Gebet …; das gleicht einem Menschen, der seinem Freund ins Ohr flüstert, und dieser hört ihn» (Ber 13a).

– *1Sam 25,20*: David ist mit 400 Mann zur Vendetta gegen das Anwesen Nabals aufgebrochen, doch dessen Gattin Abigajil ritt ihnen entgegen «und sie traf auf sie». In den Augen der Rabbinen bedeutet das: «Und sie traf sie, und sie hatten alle einen Samenerguss» (San 20b). So schön war Abigajil – und so entwaffnend!

– *1Sam 25,37f*: Als Nabal von der Sache erfuhr, erstarb sein Herz mitten in ihm, und er wurde zu einem Stein. Und es war etwa zehn Tage (später), und Jнwн schlug Nabal, und er starb. Warum der Aufschub von zehn Tagen? Weil die Totenklage um diesen Frevler nicht mit der um Samuel (der auch gerade verstorben war: 1Sam 25,1) zusammenfallen sollte (Bik 64d).

– *2Sam 11,3*: David «sah vom Dach [des Palasts] aus eine Frau, die sich wusch». Die Rabbinen entlasten den Voyeur, indem sie eine Geschichte erfinden, wonach Batseba sich hinter einem Paravent wusch, dann der Teufel in Gestalt eines Vogels auftauchte, David kurz entschlossen auf das Tier schoss, versehentlich den Paravent traf und so – völlig unabsichtlich – Batsebas ansichtig wurde (San 107a).

– *2Sam 12,9*: «Warum hast du das Wort Jhwhs verachtet und getan, was ihm missfällt? Urija, den Hetiter, hast du mit dem Schwert erschlagen, und seine Frau hast du dir zu Frau genommen». Diese schweren Vorwürfe Natans wollen die Rabbinen nicht auf David sitzen lassen: David habe das Schlimme nur *geplant*, nicht schon *getan*. Zudem habe sich Urija der Rebellion schuldig gemacht. Und Batscheba sei zu dem Zeitpunkt, als David sie sich nahm, gar nicht mehr seine Frau, sondern von ihm geschieden gewesen (Schab 56a).

– *2Sam 13,15*: Nach der Vergewaltigung Tamars «empfand Amnon abgrundtiefen Hass auf sie». Der Grund: Beim Sexualakt hatte sich sein Penis in ihrem Schamhaar verheddert, was ihm Schmerzen bereitete und das Vergnügen nahm (San 21a).

– *2Sam 21,8*: Mit Davids Zustimmung wurden sieben Sauliden hingerichtet, darunter «die fünf Söhne der Michal». Blieb diese aber nicht laut 2Sam 6,23 kinderlos? Die Lösung: «Söhne Merabs sind es gewesen [der Schwester Michals], und Michal hat sie grossgezogen, und sie wurden nach ihrem Namen genannt» (San 23d).

Kirchenväter

Die Vordenker des frühen Christentums vom 3. bis ins 6. Jahrhundert, die namentlich in den orthodoxen Kirchen bis heute massgebende Bedeutung haben, befassten sich intensiv mit der Heiligen

Schrift, auch mit den Samuelbüchern. In ihre zahlreichen, zuweilen ebenso eigenwilligen wie tiefsinnigen Einfälle und Einsichten kann hier nur ein höchst selektiver Einblick geboten werden. (Ich wähle Belege aus, die mir von tieferer Bedeutung zu sein scheinen, und gehe dabei wieder nach der kanonischen Textfolge vor; die Quellennachweise finden sich in meinem Samuelkommentar jeweils zur Stelle, siehe unten «Weiterführende Literatur».)

– *1Sam 3*: Die Kirchenväter, meist selbst ehrwürdige Bischöfe, beunruhigt es, wie Gott hier an dem ehrwürdigen Priester Eli vorbei den jugendlichen Nobody Samuel zum Offenbarungsmittler macht. Theodoret von Kyrus (393–460[?]) nimmt Partei für die Jungen: «Gott hat dieses (zarte) Alter dem grauen (Alter) vorgezogen […] damit lehrend, wie viel überlegen dem Greisenalter die tugendgeschmückte Jugend ist». Nach Gregor d. Gr. (540–604) hingegen zeichne Samuel sich aus durch das «Gut des Gehorsams», ein Prädikat, das «die Leiter der Kirche» oft nicht verdienten. Er mache sich durch «Stillwerden, Hörbereitschaft und innere Sammlung» bereit zur «inneren Gottesschau», während Eli «schlimme Fehler» begehe, unfähig zur «Kontemplation» und überhaupt eine höchst merkwürdige «Gotteslampe» sei.

– *1Sam 17*, der Sieg Davids über Goliat, ist für die Kirchenväter eine wichtige Symbolgeschichte. Der Syrer Aphrahat (ca. 270–345) sagt warnend: «Der Philister Goliat wurde wegen seiner Prahlerei gegenüber David gedemütigt und kam durch seinen Hochmut zu Fall». Augustin (354–430) hingegen interpretiert die Geschichte auf Christus hin: «Wie David Goliat niedergestreckt hat, ist es Christus, der den Teufel besiegte».

- *1Sam 21,7*: Wenn der Priester Achimelech David sogenannte «Schaubrote» vom Altar aushändigt, ist das für einige Kirchenväter – Origenes († 253), Augustinus und Ambrosius (339–397) – ein Vorabbild der Eucharistie.
- *1Sam 28*: Die Geschichte von der Totenbeschwörung Samuels löst unter den Kirchenvätern eine geradezu hitzige Debatte aus. Eustathios von Antiochia (1. Hälfte 4. Jahrhundert) schaudert vor dem heidnischen Ambiente der Erzählung; entweder müsse man «solche Texte aus der Schrift entfernen oder aber die Worte der Totenbeschwörerin als wertlos und falsch entlarven». Die meisten Kirchenväter glauben nicht, dass da wirklich Samuel erschienen sei und geredet habe, sondern irgendjemand oder irgendetwas anderes. Gregor führt als Argument dafür die Ankündigung an, Saul werde am nächsten Tag bei Samuel im Totenreich sein; das sei unmöglich, denn niemals gelange ein Ungerechter an denselben Jenseitsort wie ein Gerechter. Ausgerechnet der sonst allegorischer Exegese zuneigende Origenes indes verficht die Glaubwürdigkeit der Geschichte: Bis zum Erscheinen Christi seien in der Unterwelt Gerechte und Ungerechte am gleichen Ort versammelt gewesen, und es sei Gott gewesen, der Samuel von den Toten rief, damit er Saul die Wahrheit sage.
- *2Sam 6*: Der (fast) nackt vor der Lade tanzende David ist ein Urbild an Demut (so Gregor d. Gr.) und ein Vorabbild des (fast?) nackt am Kreuz hängenden Christus (so Prokop von Gaza, 465–528). David habe bei jenem Tanz vor seinem inneren Auge schon Maria mit dem Messias in sich gesehen (Maximus von Turin, † ca. 420). Mitnichten habe er lasziv getanzt – wie es in erotischen Dramen und obszönen Tänzen der Gegenwart geschehe (so Novatian, ca. 200–258). Und die

Geschichte sei auch kein Freibrief für ausgelassenes Feste-
feiern; denn die Christen wollen «nicht Pauken, sondern
Hymnen, nicht schändliche Rhythmen und Lieder, sondern
den Gesang der Psalmen, nicht den Lärm der Theater, sondern laute Danksagungen und wohlklingendes Händeklat-
schen, nicht Gelächter, sondern Ernsthaftigkeit, nicht Trun-
kenheit, sondern Umsichtigkeit, nicht Laszivität, sondern
Erhabenheit» (Gregor von Nazianz, 330–390).

– *2Sam 11*: Über die schöne Batseba denken die Kirchenväter
sehr unterschiedlich. Die einen haben eine hohe Meinung
von ihr, freilich aus merkwürdigem Grund: Sie sei der Typos
der christlichen Kirche. Laut Cassiodor (ca. 485–580) rei-
nigte sie sich von ihrer Unreinheit, wie sich Christinnen und
Christen durch die Taufe von ihren Sünden reinigen; und wie
David sich mit der gereinigten Batseba verband, so Christus
mit der reinen Kirche. Andere hingegen sehen in Batseba eine
Verführerin und Sünderin. Origenes rechnet es ihr bereits
negativ an, dass sie mit einem Nichtisraeliten verheiratet
gewesen sei. Eusebius von Caesarea (ca. 264–339) nennt sie
«einen Pfeil des Teufels».

3. Mittelalter

Die zweigleisige, jüdische und christliche, Exegese der Antike
setzt sich im Mittelalter fort. Im Folgenden sollen – in ähnlicher
Weise wie eben die Kirchenväter – berühmte jüdische Gelehrte
dieser Epoche zu Wort kommen, für die christliche Seite aber
einzig und stellvertretend der Theologe, Philosoph und Dichter
Abaelard.

– *1Sam 14*: Der Bibeltext schildert im Zusammenhang eines Philisterkrieges eine tragische Verstrickung des Prinzen Jonatan: Er bricht ein väterliches Speise-Tabu, ohne davon Kenntnis zu haben. Ralbag (eigentlich: Rabbi Levi ben Gershon, 1288–1344) besteht darauf, dass er sich sehr wohl schuldig gemacht habe: Er hätte merken müssen, dass alle anderen Krieger nichts assen, und hätte nach dem Grund fragen können, statt einfach seinen Gelüsten nachzugeben. Das ist im Grunde eine Ehrenrettung für Saul, der Jonatan für seine Übertretung belangt.

– *1Sam 28,1f*: Der Philisterkönig Achisch fordert David auf, mit ihm in den Krieg gegen Saul zu ziehen. David antwortet (scheinbar) zustimmend, Achisch werde nun erfahren, «was dein Diener zu leisten vermag». Gersonides (1288–1344) ist sich völlig sicher, der versteckte Sinn dieser Worte sei, dass David im entscheidenden Moment die Front wechseln wolle. Dagegen wendet Abrabanel (1437–1508) ein, David könne seinen Lehnsherrn doch nicht so schmählich hintergehen; vielmehr hoffe er, zwar mit in den Krieg zu ziehen, dann aber nicht zum Kampf gegen Israel gezwungen zu sein.

– *2Sam 3,16*: Michals Mann Paltiël weint, als David sie zu sich (zurück-)holt. Raschi (eigentlich Rabbi Schlomo ben Jizchak, 1040–1105) weiss den Grund: Paltiël ist traurig, weil er nun die Ehe mit Michal nicht mehr vollziehen kann. Denn gemäss Talmud (bSan 19b–20a) hatte er sie die ganze Zeit nicht angerührt, weil ihm klar war, dass sie *Davids* Frau war. So habe er zwischen sie und sich ins Ehebett ein Schwert gelegt und erklärt, dieses werde sie oder ihn töten, wenn sie oder er sich auf die andere Seite begebe. (Der Gedanke, dass Paltiël Michal *liebte*, war Raschi wohl zu einfach.)

– *2Sam 11,11*: Urija wehrt sich gegen Davids Befehl, zu seiner Frau Batseba zu gehen, mit dem Argument, dass sein «Herr Joab» auf freiem Feld schlafe; für Raschi ist das der Grund, dass er sterben musste, denn sein Herr war David! Nach Raschban (eigentlich: Rabbi Samuel ben Meir, ca. 1085–1174) war es ein todeswürdiges Vergehen, dass Urija dreimal den Befehl Davids verweigerte.

– *2Sam 12,1–4*: Natan erzählt David die Geschichte von einem reichen Mann, der einem Armen sein einziges Schäfchen wegnahm, um es einem Fremden vorzusetzen. Die Geschichte passt nicht genau zum Anlass, weil es zwischen David und Urija keinen «Fremden» gibt. Kimchi (voller Name: David ben Josef Kimchi, 1160–1235) erklärt, ein solcher Anlass tauche auch in der Batseba-Geschichte auf: nämlich die Gier nach der schönen Frau, die David erfasste.

Abaelards Lieder

Pierre Abaillard, latinisiert Petrus Abaelardus, kurz Abaelard (1079–1142), französischer Kleriker und Philosoph, bekannt geworden auch als unglücklich Liebender, hat sechs sogenannte «Planctus», Klagelieder, zu alttestamentlichen Stoffen verfasst. Zwei davon sind Nachdichtungen davidischer Totenklagen: derjenigen über Saul und Jonatan (2Sam 1,19–27) und der über Abner (2Sam 3,33f). Abaelards Poeme sind in raffiniert-einfachen lateinischen Reimen abgefasst und zeigen tiefe Empfindung. Streckenweise dringen sie, über die biblischen Vorlagen hinaus, in neue anthropologische und theologische Dimensionen vor.

Eine auszugsweise Übersetzung des im Original 24 Strophen langen ersten Lieds lautet: «Der Schmerzen Trost, Heilmittel für die Mühen, ist mir meine Laute. […] Das Hinsterben des Volks, des Königs und seines Sohnes Tod, das ist der Sieg der Feinde. […] Oh Saul, tapferster der Könige, oh unbesiegte Tugend Jonatans! […] Wehe dir, du mit Königsblut getränkte Erde, auf welcher auch dich, Jonatan, die ruchlose Hand hingestreckt hat. […] Vor allem über dich, mein Jonatan, muss ich jetzt weinen, unter allen Freuden wird ständig eine Träne sein. Wehe, warum bin ich dem schlechten Rat gefolgt, dir keinen Schutz in der Schlacht zu bieten. Wäre ich gleich mit dir gefallen, ich könnte glücklich sterben. Denn es gäbe nichts Grösseres, als was die Liebe täte. Und nach dir zu leben, das hiesse, ständig sterben, denn eine halbe Seele wäre zum Leben nicht genug. […] Ich setze meinem Saitenspiel ein Ende – könnte ich mit dem Klagen und Weinen doch ebenso verfahren! Denn meine Hände schmerzen vom Saitenschlag, die Stimme ist heiser vom Klagen, und der Atem geht mir aus.»

In seinem zweiten Lied beklagt Abaelard Abners Tod: «Abner, du höchst Ehrenwerter, im Krieg höchst Tapferer, Liebling und Wonne militärischen Ruhms: Was Kraft nicht vermochte, tat List dir an. Durch den du ausgelöscht wurdest, sein Ende sei (deinem) gleich! […] Grossartiger Mann, Israels starke Mauer: Sieh, bei mir ist ein Feind – du warst ein sehr guter Freund!» Viel deutlicher als in der biblischen Vorlage identifiziert sich David in dieser Nachdichtung mit Abner, dem Heerführer Sauls («Freund»), und distanziert sich von seinem Mörder, dem eigenen Heerführer Joab («Feind»).

David als Sauls Musiktherapeut: Sainte-Chapelle, Paris, 13. Jh.

Bildende Kunst

Neben sprachlichen gab es im Mittelalter auch bildliche Auseinandersetzungen mit Motiven der Samuelbücher. Hierzu einige,
besonders beeindruckende Beispiele.

Die Wände der *Sainte-Chapelle*, einem hochgotischen Pariser
Kirchenbau von der Mitte des 13. Jahrhunderts, sind durchbro-
chen durch über elfhundert Glasfenster, was den Kirchenraum in
fast überirdisches Licht taucht. Eines der Fenster stellt den vor

Saul musizierenden David dar (vgl. 1Sam 16,14–23). Saul hält nicht drohend einen Speer, sondern würdevoll ein Zepter, und David, eigentlich ja nur Sauls Therapeut, trägt bereits eine Krone, was ihn dem König ebenbürtig macht. Sauls Geste mit der Linken scheint zu sagen: «Wir beide, wir werden es schaffen.»

Das zweite Beispiel ist eine Illustration aus der *Alba-Bibel*, einer im frühen 15. Jahrhundert in Spanien entstandenen Bibel, die von einem christlichen Ordensherrn in Auftrag gegeben und unter dem wesentlichen Einfluss eines jüdischen Rabbiners aus-

David stellt sich verrückt: Alba-Bibel, 15. Jh.

gestaltet wurde. In der Mitte der Seite steht jeweils der Bibeltext in einer kastilischen Übersetzung, an den Rändern finden sich die Kommentare jüdischer Gelehrter und Illustrationen aus einer christlichen Malerschule in Toledo. Eine der 325 farbigen Miniaturen stellt David dar, wie er sich vor den Philistern wahnsinnig stellt – eine nicht eben häufig ins Bild gesetzte Szene (vgl. 1Sam 21,11–16). Man erkennt den vermeintlich «Verrückten» an der verdrehten Haltung der Hände, der Füsse und des Kopfes. Die Philister scheinen ihren Augen nicht zu trauen.

*Absaloms Tod: Fussbodenmosaik von Pietro del Minella
im Dom von Siena, 15. Jh.*

Die dritte Darstellung gibt einen Teil des Marmor-Mosaiks wieder, das den Fussboden im *Dom von Siena* ziert und über mehrere Jahrhunderte hinweg entstanden ist. Der hier gezeigte Tod Absaloms (vgl. 2Sam 18,6–15), befindet sich im rechten Querhaus und dürfte auf das 15. Jahrhundert zurückgehen. Absaloms Haar hat sich im Geäst eines Baumes verfangen, als er auf einem Maultier darunter hindurchritt, und jetzt sticht Joab auf den hilflos in der Luft Baumelnden ein, der dies fast ungläubig zur Kenntnis zu nehmen scheint.

Der Goliat-Bezwinger David: Statuen von Michelangelo (1501–1504)
und Donatello (ca. 1444–1446)

Den Abschluss bilden zwei Statuen italienischer Renaissance-
künstler, die, jeder auf seine Weise, den heldenhaften David
nach seinem Sieg über Goliat darstellen: *Michelangelo* (1475–
1564) und *Donatello* (1386–1466). Anders, als es auf dieser
Abbildung erscheint, sind die Figuren sehr verschieden gross:
Michelangelos 5,17 m hoher Marmorriese überragt die andere,
die 1,58 m misst, um ein Mehrfaches. Bei Donatello hält David
ein Schwert in der Hand, das abgeschlagene Haupt Goliats liegt
zu seinen Füssen. Bei Michelangelo erkennt man die Szene fast

nur an der lässig über der linken Schulter hängenden Schleuder; im Übrigen ist dies einfach ein wunderschöner, makellos wohlgestalteter Mann: Inbegriff eines selbstbewussten Bürgertums, das sich anschickt, die Fürstenherrschaft (in Florenz: der Medici) abzuschütteln.

4. Reformationszeit

1Sam 16,14–23 – Davids Musiktherapie

Für die reformatorischen Theologen war klar, dass Saul vom Teufel befallen war. Was aber vermag den Teufel auszutreiben? Nach *Jean Calvin* (1509–1564) und *Johannes Bugenhagen* (1485–1558) nicht Musik, sondern nur Gott selbst – und allenfalls noch der Glaube, Davids Glaube natürlich. Anders *Martin Luther*, der Choraldichter (1483–1546). Er meinte, der Teufel hasse nichts so sehr wie Musik; er «bleibt nicht, wenn man singet».

Dem gegenüber vertrat der papsttreue Kardinal (und Gegenspieler Luthers) *Cajetan* (1469–1534) eine fast modern anmutende Position: Saul sei nicht vom Teufel gequält (und befreit) worden, sondern von einem «Geist der Melancholie», der sowohl seine Seele als auch seinen Körper krank werden liess. «Wohlgeordnete Musik aber beruhigt die erregten Bewegungen des Geistes und des Körpers». Diese Deutung wird, wie sich zeigen wird, später weitergeführt.

Der niederländische Maler und Kupferstecher *Lucas Hugensz van Leyden* (1494–1533), offenbar selbst ein zur Melancholie neigender Mensch, stellte die Szene einfühlsam dar: David, jung, stark und handfest, steht aufrecht da und schlägt die Saiten seiner

David musiziert vor Saul: Lucas van Leyden, ca. 1508

Handharfe, während sich im Hintergrund Berater über die Wirksamkeit dieses Heilungsversuchs auszutauschen scheinen. Saul, alt und gebeugt und ein wenig wirr zum Betrachter blickend, scheint der Musik zu lauschen, hält aber wie von ungefähr den Spiess auf den Therapeuten gerichtet.

Jean Calvins Predigten

Der Genfer Reformator hat in einer Reihe von Predigten das Zweite Buch Samuel kontinuierlich ausgelegt und dabei einen sehr intensiven und kreativen, aber auch eigenwilligen Umgang mit der biblischen Überlieferung entwickelt. Hier ein paar Beispiele. (Die Nachweise finden sich wiederum in meinem Samuelkommentar.)

– Bedurfte es der Ermordung Eschbaals (vgl. 2Sam 4), um Gottes Absicht, David zum König zu machen, zu verwirklichen? Setzt Gott seine Pläne auch mittels Mord durch? Nach Calvin hätte Eschbaal nicht sterben *müssen*; er habe gewusst, dass David zum König berufen war, und habe sich ihm eigensüchtig in den Weg gestellt. (Ist das Opfer also selbst schuld an seinem Tod?)

– Laut den Listen der Davidsöhne in 2Sam 3,2–5 und 5,13–16 hatte David viele Frauen – kein Ruhmestitel in den Augen eines streng monogamen Theologen. Calvin indes las aus dem Text heraus, dass David anscheinend von jeder Frau nur *einen* Sohn hatte. Da aber eine Frau von einem Mann eigentlich *viele* Kinder bekommen kann, erlebte David mit seinen verschiedenen Ehefrauen offenbar nur wenig Freuden (eine subtile Kritik am königlichen Liebesleben).

- An Davids Tanz vor der heiligen Lade, inspiriert durch laute, fröhliche Musik (2Sam 6), findet Calvin wenig Gefallen. Vielleicht hätten damals die Leute solch religiösen Klimbim noch nötig gehabt – nicht so reformierte Gemeinden. Deren Gottesdienste brauchten von Zimbeln, Flöten, Trommeln und Psalterien begleitete Gesänge so wenig wie Tieropfer. Gott wolle nicht durch lockere Lieder und laszive Tänze geehrt werden, sondern durch ernste, fromme Psalmgesänge (eine Ankündigung des sogenannten Genferpsalters, des Anfangs der reformierten Kirchenmusik).
- Die arme Tamar, die von Amnon vergewaltigt und dann verstossen wurde (2Sam 13,1–22), weckt bei Calvin nicht nur Mitleid. Seiner Meinung nach hat sie sich eines schweren Vergehens schuldig gemacht, indem sie ihrem Halbbruder die Ehe anbot. Das war für den sittenstrengen Reformator ein Fall von Inzest und damit ein skandalöser Vorschlag (als ob nicht Amnons Tat der eigentliche Skandal wäre).

5. Barock

1Sam 16,14–23 – Davids Musiktherapie

Welcher Art war und wie klang die Musik, mit der David den schwermütigen Saul tröstete? Auf den Schweizer Arzt und Naturforscher *Johann Jacob Scheuchzer* (1672–1733) geht die sogenannte «Kupfer-Bibel» zurück, eine mit eigens angefertigten Kupferstichen bebilderte Anthologie zu «in heil. Schrifft vorkommenden Natürlichen Sachen», d. h. Vorgängen und Sachverhalten, die sich naturwissenschaftlich erklären lassen. Zu ihnen gehört Davids Musiktherapie. Saul nämlich war ein «Mann, in welchem die gute und böse Gemüths-Bewegungen immerfort gegeneinander zu Felde gelegen [...]; freudig, zornig, hertzhafft, traurig, endlich desparat und verzweifelnd». Einem solchen «armseligen Patienten» aber vermag gerade Musik zu helfen. Es sei nämlich erwiesen, dass «der Ton eine zitternde Bewegung der Lufft seye, welche alle, auch vesteste Cörper zitternd machet; daß ferner bey einer Music alle Zäsern des menschlichen Leibes in eine *proportionirliche* oder angemessene Zitterung kommen [...]; daß die Kranckheiten anders nichts als allzuluckere oder allzuharte Spannungen seyen; daß die Music je nach ihrer Verschiedenheit, die Zäsern unsers Leibes entweder stärcker anspannen, oder nachlassen und luckerer machen könne [...] Wir lassen uns vor dißmal begnügen, daß der Ton einer lieblichen, hieher besonders tauglichen Music die rasende Geister des Sauls habe zur Ruhe gebracht und eine allzuharte Spannung der Haut-Nerven mildern können.»

Solch eine «liebliche Musik» hat der deutsche Komponist *Johann Kuhnau* (1660–1722), Vorgänger Johann Sebastian Bachs als Thomaskantor in Leipzig, zu komponieren versucht, und zwar in einer zweisätzigen Sonate, «auff dem Claviere zu spielen», überschrieben mit «Der von David vermittelst der Music curirte Saul». Der erste Satz stellt den aus den Fugen geratenen Saul dar, der zweite den für ihn musizierenden David. Der Saulsatz ist eine einzige Aneinanderreihung zerhackter Akkorde und synkopischer Tonfolgen. Im Davidsatz dagegen wird zarteste Lauten- oder Leiermusik imitiert: durch eine nicht abreissende Folge kleiner, überaus harmonischer, heiter dahinperlender Akkorde. Das klingt in der Tat beruhigend (kritisch könnte man auch sagen: ein wenig langweilig).

Auch *Georg Friedrich Händel* (1685–1759) sucht in seinem Oratorium «Saul» an der betreffenden Stelle Leiermusik nachzuahmen. Dazu lässt er die Streicher allein eine stille und reine Serie von Terz- und Dezimenfolgen spielen. Und bei Händel musiziert «David» nicht nur, er singt auch. In Altus-Stimmlage – also keiner Männer-, sondern einer Knabenstimme – trägt er ein einfaches, man soll wohl denken: selbstverfasstes Gedicht vor, dessen erste Strophe lautet: «O Lord, whose mercies numberless / O'er all the works prevail: / Though daily Man thy laws transgress / Thy patience cannot fail» (O Herr, deine Güte ist ohne Ende / und setzt sich gegen alle Taten durch. / Wenn einer auch täglich deine Gebote übertritt, / wirst du's doch an Geduld nicht fehlen lassen). Der Form nach ist dies ein Gebet, doch dieses enthält auch eine Botschaft an den königlichen Patienten: Mag jemand noch so sehr gefehlt haben – die Gnade Gottes ist grösser als jede Schuld.

Der grosse holländische Barockmaler *Rembrandt Harmenszoon van Rijn* (1606–1669) hat die Szene zweimal gemalt: zuerst im Jahr 1629, wo er Saul starr und aufrecht sitzen lässt, mit der Rechten den steil aufgerichteten Spiess umfassend, aus den Augenwinkeln einen sehr kleinen, überaus zarten, ganz in sich gekehrten David fixierend, der auf einer Harfe musiziert. Auf den Patienten und auf das Musikinstrument fällt helles Licht, während der Therapeut fast im Dunkel verschwindet.

Das zweite Bild, entstanden nach 1655, lenkt den Blick auf Davids Gesicht, auf dem ein verhaltenes Lächeln liegt, als wäre der Jüngling von der Musik beseligt. Der König sitzt ihm zugewandt, blickt aber von ihm weg, wirkt gebeugt und schlaff, der Spiess ruht schräg an seinem Körper, die rechte Hand liegt kraftlos darauf, während die linke mit einem Vorhang die Tränen

David spielt die Harfe vor Saul:
Rembrandt Harmenszoon van Rijn, ca. 1629

abwischt, die die Musik ihm entlockt hat. Das sind zwei Deutungen derselben Geschichte durch ein und denselben Maler, die eine aus seinen jungen, die andere aus seinen reifen Jahren, eine so eindrücklich und so gültig wie die andere.

Saul und David:
Rembrandt Harmenszoon van Rijn, ca. 1655–1658

2 Sam 11,2–4 – Batseba

Ein – gerade in der Malerei – häufig aufgenommenes Motiv aus
den Samuelbüchern ist Davids Ehebruch mit Batseba. Wiederum
Rembrandt hat die in 2 Sam 11,2–4 beschriebene Szene ins Bild
gesetzt: Wie die schöne Batseba sich wäscht, vom König beobachtet und zu ihm bestellt wird. Viele Abbildungen in der europäischen Kunstgeschichte – auch die von Rembrandt – lassen den

Batseba im Bad: Rembrandt Harmenszoon van Rijn, 1654

Betrachter nicht, wie es der biblische Erzähler tut, mit den Augen
Davids die mehr oder weniger weit entfernte Batseba erspähen,
sondern rücken den König in den Hintergrund (oder ganz aus
dem Bild) und die sich waschende Frau in den Vordergrund. Das
gefällt den (meist männlichen) Betrachtern und bietet dem Maler
Gelegenheit zu einem biblisch motivierten Frauenakt. Rem-
brandts Batseba ist nicht nur (nach damaligem Geschmack)
ungemein schön und wohlgeformt, sie ist vornehm genug, um

von einer Zofe bedient zu werden. In der rechten Hand hält sie einen Brief: offenbar die Einladung des Königs (in der Bibel wird sie ja von mehreren Boten «geholt»!). Sie wirkt nachdenklich, fast ein wenig resigniert, als wolle sie sagen: «Was bleibt mir schon übrig, wenn der König mich zu sich befiehlt?»

6.   Moderne

1 Sam 16,14–23 – Davids Musiktherapie

Der Schweizer Komponist *Arthur Honegger* (1892–1955) und der Dichter René *Morax* (1873–1963) lassen in ihrem in den 1920er Jahren entstandenen Oratorium «Le Roi David» den Musiktherapeuten David folgende Sätze aus dem 11. Psalm singen: «Fürchte dich nicht und hoffe auf ihn, den Ewigen! / Warum sagt ihr zu mir: Flieh, wie der Vogel in die Berge flieht? / Der Böse spannt seinen Bogen, und sein Pfeil wird schwirren. / Denn im Dunkeln hat er auf den Unschuldigen geschossen, der reinen Herzens ist. / Fürchte dich nicht und hoffe auf den Ewigen!» Das sind tröstliche Worte. Bedenkt man aber, dass bei einer solchen Therapiesession Saul seinen Spiess nach David geschleudert haben soll (1 Sam 19,9f), sind sie auch voller Hintergründigkeit.

In den 1950er Jahren haben *Darius Milhaud* (1892–1974) und sein Librettist *Armand Lunel* (1892–1977) zu den 3000-Jahr-Feierlichkeiten der Stadt Jerusalem die Oper «David» komponiert. Bei ihnen singt David dem Patienten Saul Worte aus dem 119., dem 25. und dem 27. Psalm vor. Insgesamt entsteht dabei ein Aussagebogen von demütiger Unterwerfung über Bitte um Vergebung zu abschliessendem Gotteslob: «Heureux celui qui ne prend son plaisir que dans la loi! / Eternel! J'élève mon âme jusqu'à toi! / Car ce n'est qu'en toi que j'espère. / Seigneur! Souviens-toi de tes graces qui sont éternelles. / Et daigne oublier les fautes de ma jeunesse. / Ne te souviens de moi que selons ta miséricorde / et pour l'amour que j'ai de toi: / pardonne, si grande soit-elle mon iniquité. / Eternel tire-moi du filet! Délivre-moi. / Efface me péchés! / Vois la multitude de mes ennemis! / Eternel! Sauve moi. Sauve moi, o mon Dieu, / et rachète Israel dans sa détresse, / dans sa détresse. / Et face à l'ennemi, le front haut, / je célèbre le Seigneur, je célèbre le Seigneur!» Es berührt besonders, dass Saul, nachdem er David längere Zeit zugehört hat, am Ende mitsingt. Das zweite «dans sa détresse» singt nicht David, sondern Saul. In Basslage führt er die Tenorstimme Davids weiter, und dann stimmen beide ins Gotteslob ein: «Je célèbre le seigneur.» Diese Musiktherapie ist voll gelungen!

Doch nicht nur Komponisten haben sich in der Neuzeit mit der Erzählung des vor Saul musizierenden David auseinandergesetzt. Im Jahr 1907 entstand das Gedicht «David singt vor Saul» von *Rainer Maria Rilke* (1875–1926). Es setzt sich aus drei Teilen mit jeweils mehreren Strophen zusammen. Der Schlussteil hat den Wortlaut: «König, birgst du dich in Finsternissen, / und ich hab dich doch in der Gewalt. / Sieh, mein festes Lied ist nicht gerissen, / und der Raum wird um uns beide kalt. // Mein verwaistes Herz und dein verworrnes / hängen in den Wolken deines Zornes, / wütend ineinander eingebissen / und zu einem einzigen verkrallt. // Fühlst du jetzt, wie wir uns umgestalten? / König, König, das Gewicht wird Geist. / Wenn wir uns nur aneinander halten, / du am Jungen, König, ich am Alten, / sind wir fast wie ein Gestirn das kreist.» Jugendlicher Therapeut und königlicher Patient als hassliebende Schicksalsgemeinschaft!

David und Saul:
Arthur Boyd, 1952

Der australische bildende Künstler *Arthur Boyd* (1920–1999) hat eine Skulptur «David and Saul» geschaffen. Sie ist 74,8 cm hoch und aus glasierter Terrakotta. Saul und David bilden, eng ineinander geschmiegt, gemeinsam ein Dreieck, so wie die von David gespielte Leier dreieckig ist, d.h.: Die ganze Szene ist Musik! Der Alte steht über dem Jungen, den Kopf ihm zugeneigt, den Blick verloren ins Nichts, die Linke nachdenklich den eigenen Bart kraulend. Der Junge ist ganz in sich bzw. seiner Musik versunken, sein Gesicht bartlos, das sichtbare Auge stark geweitet, anscheinend nach innen blickend – und auf seinem Kopf bilden die Finger des Alten eine Krone … Eine Szene voll Schwermut und Hoffnung.

Hanna übergibt
Samuel an Eli:
Frank W. W.
Topham, 1908

1Sam 1,24–28 – Hanna

Seltener als David werden in der Kunst andere Personen der
Samuelbücher aufgegriffen. Der Engländer *Frank W. W. Topham*
(1838–1924) malte im Jahr 1908 in romantischer Manier die
Szene von 1Sam 1,24–28: Hanna, kniend und mit ergebenem
Gesichtsausdruck, erfüllt ihr Versprechen und übergibt ihren
kleinen, vertrauensvoll dreinblickenden Samuel dem Priester Eli,
der ihn liebe- und würdevoll segnet.

*Der junge
David:
Jerusalemer
Menora von
Benno Elkan,
1949–1956*

Die Figur David

Der deutsch-jüdische Bildhauer *Benno Elkan* (1877–1960) schuf
zwischen 1949 und 1956, also kurz nach Gründung des Staats
Israel, im Londoner Exil eine 4,57 × 3,65 m messende Bronze-Me-
nora (einen siebenarmigen Leuchter), welche die britische Labour
Party im Jahr 1956 der israelischen Knesset zum Geschenk machte
und die seit 1966 vor deren Gebäude in Jerusalem aufgestellt ist.
Sie ist mit zahlreichen Reliefs ausgestattet, die vornehmlich Figuren und Szenen aus der jüdischen Geschichte zeigen. Den Mittel-

arm krönt die Gestalt Moses. Gleich links von ihm – also auch noch zentral und sehr weit oben – sieht man David als zarten und doch kraftvollen Jüngling, wie er triumphierend das riesenhafte Haupt Goliats über seinen Kopf hebt. Hinter ihm ist eine ebenfalls riesige Harfe zu erkennen, deren senkrechter Ständer links mit einer Krone geschmückt ist. Auf den jugendlichen Helden wartet also bereits die Königswürde, doch fast noch mehr als durch Kampf und Herrschaft ist dieser durch die Kunst – symbolisiert in der Harfe – bestimmt. Dies ist eine faszinierende Gesamtschau der Gestalt Davids: gewinnend und Respekt gebietend in einem.

Der Schweizer *Max Hunziker* (1901–1976) hat eine ganze Serie von Davidporträts gemalt: der König fast immer mit den gleichen zwei Accessoires, der Krone und der Harfe, aber auf den verschiedensten Altersstufen: vom rothaarigen, ungebärdigen Jüngling über den kraftvollen Mann im besten Alter und den traurig Weinenden bis hin zum Uralten, der, mit fast schon verblichener Haut und wirrem Haar, immer noch Klänge himmelwärts schickt und ihnen hinterherlauscht. Dieses Bild (im Original 120 × 120 cm) ist auf der Folgeseite wiedergegeben.

Die deutsch-jüdische Dichterin *Else Lasker-Schüler* (1869–1945) hat die Beziehung zwischen David und Jonatan als heftig wilde und tragisch zerrissene Zuneigung zwischen zwei wesensverwandten Jünglingen besungen: «In der Bibel stehen wir geschrieben / Buntumschlungen. / Aber unsere Knabenspiele / Leben weiter im Stern. / Ich bin David, / du mein Spielgefährte. / O, wir färbten / Unsere weißen Widderherzen rot! // Wie die Knospen an den Liebespalmen / Unter Feiertagshimmel. // Deine Abschiedsaugen aber – / Immer nimmst du still im Kusse Abschied. // Und was soll dein Herz / Noch ohne meines – / Deine Süßnacht / Ohne meine Lieder.»

Der alte David, musizierend: Max Hunziker, ca. 1970

Der israelische Poet *Jehuda Amichai* (1924–2000) veröffentlichte im Jahr 1998 ein siebenstrophiges Lied auf David, den
legendären König, der im Judentum als unsterblich verehrt
wird – obwohl man sich doch in Jerusalem sein Grab zeigt. Darauf spielt die erste Strophe des Gedichts an, um dann die Szene
von Sauls Speerwurf auf den musizierenden Jüngling in den Vordergrund zu rücken. Dass David Gewalt nicht suchte, sondern

ihr auswich: das mache ihn eigentlich aus: «Ich denke derzeit viel an König David: / nicht an den, der lebt und besteht, / und nicht an den, der tot ist und der nicht liegt / unter den schweren Teppichen in seinem Grab, das nicht sein Grab ist; // vielmehr an den, der musizierte und dem Speer auswich, / bis er König war.»

In neuester Zeit entstand eine ganze Reihe von Romanen über die Samuelbücher oder Stoffe daraus. Der wohl bedeutsamste stammt von *Stefan Heym* (1913–2001), einem deutsch-jüdischen Schriftsteller (Geburtsname: Helmut Flieg), der 1933 in die USA emigrierte, von dort 1945 mit der US-Armee nach Deutschland zurückkehrte, sich in der damaligen DDR niederliess, wo er teils anerkannt, teils angefeindet wurde. 1987 erhielt er in Bern die theologische Ehrendoktorwürde, bei der deutschen Wiedervereinigung 1989 spielte er eine nicht unerhebliche Rolle, und im Deutschen Bundestag hielt er, als Alterspräsident, am 10. November 1994 die Eröffnungsrede. Im Jahr 1972, als Autor längst schon von internationalem Rang, veröffentlichte er zuerst in der BRD, dann auch in der DDR den Roman «Der König David Bericht». In ihm beschreibt er in phantasievoller und doch historisch (recht) wohlinformierter Weise die Entstehung der Samuelbücher. Es hat nämlich König Salomo, zur Mehrung des eigenen Ruhms und zur Stützung seiner Herrschaft, einen «amtlich beglaubigten Bericht» über das Leben seines Vaters David in Auftrag gegeben. Verantwortlich für die Linientreue des Werks ist eine Kommission, die sich aus den höchsten salomonischen Staatsbeamten zusammensetzt. Der eigentliche Autor aber (und Ich-Erzähler des Romans) ist ein gewisser Ethan ben Hoshaja, ein weiser und schriftkundiger Mann, den der König als «Historiker und Redaktor» angeheuert und den er der Aufsicht jener Kommission unterstellt hat. Diesen Ethan, mit seinen Frauen und

Kindern, sieht man sein Leben in der Residenzstadt Jerusalem gestalten, man beobachtet ihn aber vor allem bei den Recherchen für das geplante Werk. Er vernimmt alle möglichen Augenzeugen und studiert alle möglichen Unterlagen und stellt die Ergebnisse, besonders wenn sie für das Königshaus heikel sein könnten, in der Kommission zur Debatte. So erfährt der Leser, die Leserin, was und wer «wirklich» hinter den verschiedenen Geschichten der Samuelbücher steckt: ob vertrauenswürdige oder fragwürdige Informanten, ob Generäle oder Bänkelsänger, ob Prinzessinnen oder Dienstmägde; und welche schriftlichen Aufzeichnungen es «wirklich» gab, die in die Samuelbücher Aufnahme fanden: Nahrungsmittellisten, Briefe, Tagebucheinträge, Psalmgebete u. a. m. Aus diesen Versatzstücken entsteht ein höchst farbiges Bild der frühen Königszeit: mit Samuel als einem erzkonservativen religiösen Fanatiker, mit Saul als einem zuerst erfolgreichen, dann aber von allen verlassenen und tragisch gescheiterten Führer, mit David als einem durchtriebenen Emporkömmling und skrupellosen, dabei doch irgendwie imponierenden und gewinnenden Machthaber, endlich mit Salomo als einem schlauen und eitlen, misstrauischen und geizigen Potentaten. Über die beiden Letztgenannten hat Ethan folgendes Urteil: «War David ein grosser Mörder, so ist Salomo ein kleiner Halsabschneider.» Heym gibt auch den vielen kleinen und grossen Nebenfiguren der Samuelbücher Gestalt und Stimme: den Generälen Joab und Benaja (Ersterer von Letzterem drangsaliert und gequält), dem Propheten Natan und dem Priester Zadok (beides ziemlich schleimige Höflinge, auch wenn Natan sich einmal zu Grösse aufschwingt: als er David für die Batseba-Urija-Affäre tadelt), den Prinzessinnen Michal und Tamar (die eine alt, einsam und verbittert, die andere verrückt geworden), der Königinmutter Batseba (die

Ethan manches verrät, nur nicht das Wichtige), dem um den Thron betrogenen Prinzen Adonija und seiner Angebeteten Abischag, dem Haremsdirektor Amenhoteph (einer frei erfundenen Figur) und noch vielen anderen: Torwächtern und Archivaufsehern, Mägden und Wahrsagerinnen, Kriegsversehrten und verelendeten Proletariern. Nach Erscheinen des Buchs war sich das westliche Feuilleton einig: Das ist eine Abrechnung mit dem Stalinismus und dem «real existierenden Sozialismus». Es ist aber noch mehr: ein spannender biblischer Geschichtsroman, frei erfunden und doch historisch sorgfältig recherchiert; eine kritische Auseinandersetzung mit jedweder autoritären Macht, zumal wenn sie ihre Legitimität auf Geschichte gründen will. Und vor allem ist es ein enorm einfallsreiches und glänzend geschriebenes Stück bester Literatur.

Der deutsche Schriftsteller *Botho Strauss* (geboren 1944) brachte im Jahr 2019 ein Drama «Saul» heraus. In ihm ist die gesamte Saulgeschichte in fünfzehn knappe Szenen gefasst, in denen jeweils zwei Personen einen Dialog führen. Die Hauptfiguren sind Saul, Jonatan und David, dazu kommen ein «Bote» und die «Hexe von Endor» sowie «das Volk» und «das Licht» (= Gott), die aber nicht auftreten, sondern nur als «Stimmen» zu hören sind. Die grosse Vielfalt der biblischen Geschichten ist also in ein Fünf- bis Sieben-Personen-Stück umgegossen worden, das sich ohne Weiteres im Theater aufführen liesse. Dafür gibt es auch zahlreiche Regieanweisungen, meist am Anfang der Szenen, aber auch zwischendurch: wer wo sitzt, was er tut, wer von wo hinzutritt usw. Die einzelnen Szenen spiegeln die folgenden biblischen Erzählungen wider: das Volksbegehren nach einem König (1Sam 8), die Königwerdung Sauls (1Sam 9–11), das Zerwürfnis Sauls mit Samuel (1Sam 13 und 15), Sauls Verhältnis zu Jonatan und David (1Sam 16,14–23 und 20), Sauls Jagd auf David (1Sam 24), die Totenbeschwörung Samuels (1Sam 28) und Sauls Ende (1Sam 31; 2 Sam 1). Man sieht sogleich: Vieles bleibt beiseite (oder kommt höchstens in einem Dialog kurz zur Sprache). Namentlich aktions- und volkreiche Szenen entfallen, Strauss selbst nennt sein Stück ein «Kammerdrama». Dieses bewegt sich gleichwohl nah an der biblischen Vorlage. Auch die Sprache könnte man «biblisch» nennen: keine Modernismen, keine saloppen Wörter oder umgangssprachlichen Wendungen, ein gehobener, fast feierlicher, dabei aber durchaus lebensnaher, manchmal sogar derber Klang. Der Autor nennt das die «AT-Diktion», die er für nicht übertreffbar hält. Auch inhaltlich verzichtet er sowohl auf Aktualisierung als auch auf Historisierung, das heisst, der Stoff wird weder in eine ferne Vergangenheit abgeschoben noch krampfhaft in die Gegenwart gezerrt. Sozusagen als Augenzeuge erlebt man mit, wie die Gestalt Sauls nach und nach unterminiert und am Ende förmlich zerstört wird. Dieser Mann ist ein «Urdepressiver». Er hatte nie König sein wollen, doch «einmal im Amt, muss er sich gegen jeden inneren Mangel Stärke abringen» (so sagt es der Autor selbst). Schon der Königswunsch Israels war verfehlt, die Wahl Sauls ein Fehlgriff (der Autor nennt ihn einen «Mißerwählten»); seine nächsten Vertrauten – Samuel, Jonatan, David – tragen, egal, wie gut sie es mit ihm meinen, zu seiner seelischen Zerrüttung bei. Sein ärgster Feind aber ist Gott, «der mich rief, nur um mich zu vernichten». Saul ist der falsche Mann zur falschen Zeit am falschen Platz, einer, der sein Schicksal nicht meistern kann, eine durch und durch tragische Gestalt. Diese Sicht des ersten Königs Israels hat guten Anhalt am biblischen Text und ist auch nicht ohne Vorbilder in dessen Wirkungsgeschichte: bei Flavius Josephus etwa oder bei Gelehrten des Talmud oder bei Georg Friedrich Händel. Doch lauter und zahlreicher sind in der Rezeptionsgeschichte die Stimmen derer, die Saul als schlimmen Sünder, als Feind des erwählten David und gar als Typos des Antichrist anschwärzen. Es ehrt den Dramatiker Botho Strauss, dass er in einer Zeit, die sich der Bibel zunehmend entfremdet, dem biblischen König Saul – und gerade ihm! – ein würdiges Denkmal gesetzt hat.

Einige weitere Romane, die sich mit Stoffen aus den Samuelbüchern befassen, z.T. auch aus dem englischsprachigen Raum, seien hier wenigstens aufgezählt: Torgny Lindgren, «Bathseba» (1987, eine Neuerzählung der Davidgeschichte aus Batsebas Perspektive); Grete Weil, «Der Brautpreis» (1988, fokussiert auf die Gestalt Michals, mit der sich die Autorin als Jüdin zu identifizieren sucht); Joseph Heller, «God Knows» (1984; deutsch «Weiß Gott», 1987, eine schnoddrige Ich-Erzählung des alten David, der selbstgefällig auf sein Leben zurückblickt); Martin Gauger, «Davids Aufstieg» (1994, eine recht bibelnahe Nacherzählung des Ersten Samuelbuchs); Allan Massie, «King David» (1995; deutsch «Ich, König David», 1996, wo David zu einem fraglos guten Helden stilisiert wird); Arnulf Zitelmann, «Jonatan, Prinz von Israel» (1999, eine für Junge geschriebene und aus der Sicht Jonatans erzählte Geschichte Davids) oder Geraldine Brooks, «The Secret Chord» (2016, eine Schilderung vor allem der kriegerischen Seite Davids durch seinen Weggefährten Natan).

Die Samuelbücher heute lesen

Die Lektüre noch so guter Sekundärliteratur kann kein Ersatz für das Lesen der Bibel selbst sein. Der Bibeltext ist denen, die ihn zu erschliessen sich bemühen, voraus und allermeist auch überlegen. Allerdings: Ganz ohne Hintergrundinformationen und ohne jede Hilfestellung kann das Lesen in der Bibel auch zu einer veritablen Herausforderung werden. Zwar bestehen die Samuelbücher grösstenteils aus lebendiger Erzählung (und nicht etwa aus trockenen Anordnungen oder Auflistungen) und ist der Stoff in halbwegs chronologischer und damit nachvollziehbarer Folge angeordnet. Doch begegnen sehr viele und sehr fremdartige Namen, spielt die Handlung in einer räumlich und zeitlich weit entfernten Welt und sind die Texte nicht auf heutigen Publikumsgeschmack ausgerichtet (was etwa Krieg und Gewalt, die Geschlechterrollen oder die Gottesbilder betrifft). Ich habe einmal Laien gebeten, in Vorbereitung auf einen Kurs die Samuelbücher vorab zu lesen – und war erstaunt, wie viel Verständnislosigkeit und Befremden diese mir so lieben Texte auslösen konnten: Gar zu viel Kampf enthielten sie, einen Namenswirrwarr, unbegreifliche Bräuche, Risse und Sprünge in der Handlungsfolge und anderes mehr!

Solche Hindernisse und Erschwernisse sucht dieses Buch zu mindern und dadurch das Lesen der Originaltexte zu erleichtern. Im Idealfall werden die beiden Lektüren wechselseitig durchlässig. Wer jetzt die Bibeltexte liest, wird sich an dieses oder jenes aus dem Buch erinnern, wird es jetzt vielleicht erst wirklich verstehen, womöglich noch einmal das betreffende Kapitel oder einen bestimmten Abschnitt nachlesen, versteht daraufhin möglicherweise neu und tiefer – und denkt sich so in die tiefgründigen Menschen- und Gottesbilder der Samuelbücher und ihre lehrreiche Geschichtsschilderung hinein.

Eile, ein Schnell-hindurch-kommen-Wollen empfiehlt sich nicht. Sich eine Geschichte, allenfalls einen begrenzter Erzählzusammenhang vorzunehmen, reicht. Es lohnt sich, neugierig auf sie zuzugehen, die in ihr enthaltenen Informationen aufmerksam aufzunehmen, nachzuvollziehen, ihre Bedeutung und ihre Konsequenzen zu bedenken, sie kritisch zu hinterfragen, sie darauf abzuhorchen, was sie *heute* über die Geschichte Gottes mit den Menschen zu sagen haben mag.

Auch kann *gemeinschaftliche* Lektüre fruchtbar sein: etwa in einem privaten Zirkel oder in einer kirchlichen Gemeindegruppe. Ganz gelegentlich gibt es, in gut reformierter Tradition, Reihenpredigten zu bestimmten biblischen, und so auch zu den Samuelbüchern. (Ein hervorragendes Beispiel ist der – leider nur noch in Bibliotheken erhältliche – Predigtband von Manfred Josuttis, siehe «Weiterführende Literatur».)

Manche Bücher – jedenfalls solche, die fraglos gut und die nicht allzu dick sind – werden nicht nur einmal gelesen, sondern zweimal und noch öfter. Vielleicht wäre der Titel «Die Samuelbücher heute lesen» auszuweiten zu: «… und sie morgen wieder lesen».

Weiterführende Literatur

Beschränkt auf deutschsprachige und (zumeist) allgemeinver-
ständliche Titel.

Kommentare

Shimon Bar-Efrat, Das Erste Buch Samuel, Stuttgart 2007; Das Zweite
    Buch Samuel, Stuttgart 2008 (Beiträge zur Wissenschaft vom
    Alten und Neuen Testament 176 und 181).

Walter Dietrich, Samuel, Bd. I 2011; Bd. II 2015; Bd. III 2019; Bd. IV
    2021 (Biblischer Kommentar Altes Testament).

Georg Hentschel, 1994 (Neue Echter Bibel).

Johannes Klein, in: Matthias Krieg / Konrad Schmid (Hg.), Erklärt.
    Der Kommentar zur Zürcher Bibel, Bd. I 2010, S. 604–737.

Ilse Müllner, in: Luise Schottroff / Marie-Theres Wacker (Hg.), Kompen-
    dium Feministische Bibelauslegung, Gütersloh 1998, S. 114–129.

Fritz Stolz, Das erste und zweite Buch Samuel, 1981 (Zürcher Bibel-
    kommentar).

Hans Joachim Stoebe, Das erste Buch Samuelis, 1973; Das zweite Buch
    Samuelis, 1994 (Kommentar zum Alten Testament).

Forschungsberichte

Walter Dietrich / Thomas Naumann, Die Samuelbücher, Darmstadt
    1995 (Erträge der Forschung 287).

Walter Dietrich, Von den ersten Königen Israels. Forschung an den
    Samuelbüchern im neuen Jahrtausend: Theologische Rundschau
    77 (2012), 135–170. 263–316. 401–425.

Wirkungsgeschichte

Walter Dietrich / Hubert Herkommer (Hg.), König David – biblische
   Schlüsselfigur und europäische Leitgestalt, Fribourg/Stuttgart, 2003.
Sara Kipfer, Der bedrohte David. Eine exegetische und rezeptionsge-
   schichtliche Studie zu 1Sam 16 – 1Kön 2, Berlin/Boston 2015
   (Studies of the Bible and Its Reception 3).
Walter Dietrich / Cynthia Edenburg / Philippe Hugo (Hg.), The Books
   of Samuel. Stories – History – Reception History, Leuven 2016
   (Bibliotheca Ephemeridum Theologicarum Lovaniensium 284).

Aufsatzsammlungen

Walter Dietrich, Von David zu den Deuteronomisten. Studien zu den
   Geschichtsüberlieferungen des Alten Testaments I, Stuttgart 2002
   (Beiträge zur Wissenschaft vom Alten und Neuen Testament156).
Walter Dietrich, Die Samuelbücher im deuteronomistischen Geschichtswerk. Studien zu den Geschichtsüberlieferungen des Alten Testaments II, Stuttgart 2012 (Beiträge zur Wissenschaft vom Alten und
   Neuen Testament 201).
Walter Dietrich, Historiographie und Erzählkunst in den Samuelbüchern. Studien zu den Geschichtsüberlieferungen des Alten Testaments III, Stuttgart 2019 (Beiträge zur Wissenschaft vom Alten
   und Neuen Testament 221).

Monografien

Hans-Jürgen Dallmeyer / Walter Dietrich, David – ein Königsweg. Psy-
   choanalytisch-theologischer Dialog über einen biblischen Ent-
   wicklungsroman, Göttingen 2002.
Walter Dietrich, Die frühe Königszeit in Israel. 10. Jahrhundert v. Chr.,
   Stuttgart 1997 (Biblische Enzyklopädie 3).
Walter. Dietrich, David. Der Herrscher mit der Harfe, Leipzig [2]2016
   (Biblische Gestalten 14).

Pia Eckstein, König David. Eine strukturelle Analyse des Textes aus der Hebräischen Bibel und seine Wiederaufnahme im Roman des 20. Jahrhunderts, Bielefeld 2000.

Israel Finkelstein / Neil Asher Silberman, David und Salomo. Archäologen entschlüsseln einen Mythos, München 2006.

Georg Hentschel, Saul. Schuld, Reue und Tragik eines «Gesalbten», Leipzig 2003 (Biblische Gestalten 7).

Othmar Keel, Die Geschichte Jerusalems und die Entstehung des Monotheismus, Teil 1, Göttingen 2007.

Rainer Kessler, Samuel. Priester und Richter, Königsmacher und Prophet, Leipzig 2007 (Biblische Gestalten 18).

Steven L. McKenzie, König David. Eine Biographie, Berlin/Boston 2001.

Literarische Adaptionen

Joseph Heller, Weiß Gott, München 1985.

Stefan Heym, Der König David Bericht, München 1972.

Botho Strauss, Saul, Hamburg 2019.

Grete Weil, Der Brautpreis, Zürich 1988.

Arnulf Zitelmann, Jonatan, Prinz von Israel, Weinheim/Basel 1999 (*Jugendbuch*).

Predigtreihe

Manfred Josuttis, Predigten zur Geschichte Davids, Neukirchen-Vluyn 1968 (Alttestamentliche Predigten 9).

Tabelle zur Geschichte des biblischen Israel

politische Vormacht	archäologische Epochen	Abschnitte der Geschichte Israels	Einschneidende Ereignisse
	NEOLITHIKUM ab 700 000		
	BRONZEZEIT		
	Frühbronze ab 3300	—	
Ägypter	Mittelbronze ab 2200	—	
Ägypter	Spätbronze ab 1500	— (biblisch: Erzeltern, Exodus)	
	EISENZEIT		
(Philister)	E I ab 1200	«Landnahme» und Stämmezeit	1208 Merenptah-Stele («Kanaan/Israel»)
(Phönizier)	E IIA ab 1000	frühe Königszeit (Saul: mittelpalästinische Stämme; David und Salomo: Personalunion Israel/Juda)	926 sogenannte Reichsteilung

(Aramäer)	E IIB	ab 900	Königreiche Israel und Juda nach 926	853 Schlacht bei Qarqar 845 Sturz der Omriden 734/33 Syrisch-efraimit. Krieg 722 Untergang Nordisraels
Assyrer Babylonier	E IIC	ab 700	Juda allein nach 722	701 Zernierung Jerusalems 622 Reform Joschijas 612 Zerstörung Ninives 604 Schlacht bei Karkemisch
Perser	E III	ab 600	Exilszeit nach 586 (Altjuda und Gola) Nachexilische Zeit nach 538 (Jehud und Diaspora)	597 Erste Deportation Judas 587 Zerstörung Jerusalems 538 Fall Babylons 515 Einweihung des 2. Tempels ~450 Nehemia
Ptolemäer Seleukiden	hellenistische Epoche ab 332		Makkabäer	333 Schlacht bei Issos 198 Ptolemäer > Seleukiden 165 Entweihung des Tempels
Römer	römisch-byzantinische Epoche ab 37		Judäa und Diaspora	64 v. Pompejus, Provinz Syria 70 n. Zerstörung des 2. Tempels 138 Bar Kochba

Orte und Landschaften in Israel/Palästina zur frühen Königszeit

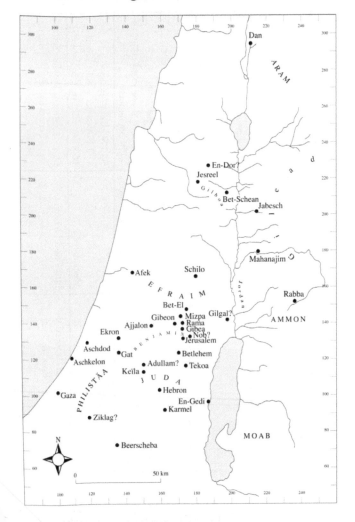

Liste von Personen und Orten (Auswahl)

Personen um Samuel
- Hanna (Mutter)
- Elkana (Vater)
- Eli (Priester)

Personen um Saul
- Jonatan (Sohn)
- Eschbaal (Sohn)
- Merab (Tochter)
- Michal (Tochter)
- Abner (Heerführer)
- Achimelech (Priester)

Personen um David
- Isai (Vater)
- Abigajil (Ehefrau)
- Batseba (Ehefrau)
- Tamar (Tochter)
- Amnon (Sohn)
- Absalom (Sohn)
- Adonija (Sohn)
- Salomo (Sohn)
- Joab (Heerführer)
- Abischai (Joabs Bruder)
- Benaja (Söldnergeneral)
- Ittai (Truppenkommandant)
- Ebjatar (Priester)
- Zadok (Priester)
- Natan (Prophet)
- Achitofel (Ratgeber)
- Chuschai (Ratgeber)
- Achisch (König von Gat)

Städte, Ortschaften
- Rama (Wohnort Samuels)
- Gibea (Wohnort Sauls)
- Betlehem (Herkunftsort Davids)
- Ziklag (erste Residenz Davids)
- Hebron (zweite Residenz Davids)
- Jerusalem (Dauerresidenz Davids)
- Jabesch, Mahanajim (in Gilead, östl. des Jordan)
- Rabba (Hauptstadt Ammons)

Länder/Völker
- Israel (Nordreich, -stämme)
- Juda (Südreich)
- Philister (im Westen)
- Aramäer (im Nordosten)
- Ammoniter (im Osten)
- Moabiter (im Osten)
- Edomiter (im Südosten)
- Amalekiter (im Süden)

Nachweise

Bilder

S. 180: David et Saül, Vitrail, Sainte-Chapelle, Paris, Musée de Cluny –
Musée national du Moyen Âge, Wikimedia Commons

S. 181: David stellt sich verrückt, Alba-Bibel, Palacio de Liria, Madrid

S. 182: Absaloms Tod, Fussbodenmosaik im Dom von Siena

S. 183: Michelangelo, David, Galleria dell'Accademia, Foto: Jörg Bittner
Unna, Wikimedia Commons, CC BY-SA 3.0
Donatello, David, Museo Nazionale del Bargello, Foto: Patrick
A. Rodgers, Wikimedia Commons, CC BY-SA 2.0

S. 185: Lucas van Leyden, David musiziert vor Saul, The Metropolitan
Museum of Art, New York, CC0 1.0

S. 190: Rembrandt Harmenszoon van Rijn, David spielt die Harfe vor
Saul, Städel Museum, Frankfurt am Main, Wikimedia Commons

S. 191: Rembrandt Harmenszoon van Rijn, Saul und David, Mau-
ritshuis, Den Haag, Wikimedia Commons

S. 192: Rembrandt Harmenszoon van Rijn, Batseba im Bad, Louvre
Museum, Paris, Wikimedia Commons

S. 195: Arthur Boyd, David and Saul, 1952, National Gallery of Victo-
ria, Melbourne, Purchased, 1954 © National Gallery of Victoria.
The digital record has been made available on NGV Collection
Online through the generous support of The Vizard Foundation.

S. 196: Frank W. W. Topham, Samuel dedicated by Hannah, 1908,
Wikimedia Commons

S. 197: David auf der Menora von Benno Elkanan, Jerusalem, Foto:
Gerd Eichmann, Wikimedia Commons, CC BY-SA 4.0

S. 199: Max Hunziker, Der alte David, musizierend, Privatbesitz

Texte

S. 198: Else Lasker-Schüler, David und Jonathan, in: dies., Hebräische
Balladen, Berlin 1920.

S. 200: Jehuda Amichai, David, der König Israels, lebt und besteht, du
bist der Mann, in: ders., Offen – geschlossen – offen, Tel Aviv
1998, 51–55 (hebr.). Übersetzung: Gabrielle Oberhänsli-Widmer